Theo Meyer

Von Hexen, Normannen und wilden Äckern

Ostfriesland im Wandel der Zeit

disserta Verlag

Meyer, Theo: Von Hexen, Normannen und wilden Äckern. Ostfriesland im Wandel der Zeit, Hamburg, disserta Verlag, 2021

Buch-ISBN: 978-3-95935-566-7
PDF-eBook-ISBN: 978-3-95935-567-4
Druck/Herstellung: disserta Verlag, Hamburg, 2021
Covermotiv: „Bäuerliches Anwesen in Ostfriesland um 1910"

Bibliografische Information der Deutschen Nationalbibliothek:
Die Deutsche Nationalbibliothek verzeichnet diese Publikation in der Deutschen Nationalbibliografie; detaillierte bibliografische Daten sind im Internet über http://dnb.d-nb.de abrufbar.

© disserta Verlag, Imprint der Bedey & Thoms Media GmbH
Hermannstal 119k, 22119 Hamburg
http://www.disserta-verlag.de, Hamburg 2021
Printed in Germany

Inhalt

Vorwort

Ostfriesland ist Marsch, Moor, Geest und Watt. Das sagen viele Menschen, die das Wesen des Landstriches auf einen kurzen Nenner bringen wollen. Aber Ostfriesland ist weitaus mehr als seine Bodenformen. Es ist eine Kulturlandschaft, von Menschen gemacht und geformt. Auf einer Reise durch die Region stellt man fest, dass das Land reich ist, reich an Natur und insbesondere an Kultur und Geschichte. Ostfriesland steckt voll von besonderer Geschichte. Bei einem Streifzug durch diese Historie erlebt der Leser das Geheimnisvolle und Ursprüngliche der Region. Wir wollen diese historische Reise in der Zeit der Römer in Ostfriesland beginnen und in den Aufbaujahren nach dem 2. Weltkrieg soll sie enden. In 26 Aufsätzen werden dem Leser ganz unterschiedliche Aspekte der ostfriesischen Regional- und Lokalgeschichte nahegebracht. Ich wünsche allen Lesern einen spannenden Streifzug durch die Geschichte der Halbinsel an der Nordsee.

Theo Meyer

Römische Spuren

„Dort bewohnt ein beklagenswertes Volk hohe Erdhügel, die mit den Händen nach dem Maß der höchsten Flut errichtet sind. In ihren erbauten Hütten gleichen sie Seefahrern, wenn das Wasser das sie umgebende Land bedeckt, und Schiffbrüchigen, wenn es zurückgewichen ist und ihre Hütten gleich gestrandeten Schiffen allein dort liegen. Von ihren Hütten aus machen sie Jagd auf zurückgebliebene Fische. Ihnen ist es nicht vergönnt, Vieh zu halten wie ihre Nachbarn, ja nicht einmal mit wilden Tieren zu kämpfen, da jedes Buschwerk fehlt."

So beschrieb der römische Gelehrte Plinius (23 n. Chr. bis 79 n. Chr.) die Bewohner der Küstengegend an der Nordsee, und er muss wohl die unmittelbar am Meer lebenden Menschen gemeint haben, denn ein anderer Römer, der Historiker Tacitus (58 n. Chr. bis 120 n. Chr.), wusste etwas später zu berichten, dass die Menschen im Nordwesten Germaniens durchaus ein edles Volk seien. Diese Leute zeichneten sich demnach nicht durch riskante Wagemutigkeit aus und zeigten keine Bestrebungen ihre Landnachbarn zu unterwerfen und zu berauben, aber wenn es erforderlich sei, wussten sie sich zu wehren und waren in der Lage, ihre Waffen mit kämpferischer Leidenschaft einzusetzen. Dann standen Ross und Reiter bereit, das eigene Gebiet mit den dortigen Menschen mit aller Macht zu verteidigen. Ansonsten trieben sie Landbau und hielten Milchvieh.

So darf man sich diese Menschen schon in der Römerzeit als friesische Bauern vorstellen, die feste Wohnsitze hatten und ihre Landflächen bearbeiteten. Aber welche germanischen Stämme traf man damals in der Küstengegend an? Die Forschung geht auf Grundlage der antiken Quellen, zu denen neben den Berichten von Plinius und Tacitus auch noch Beschreibungen von anderen Gelehrten aus Rom kommen, davon aus, dass die Menschen im Gebiet der südlichen Nordseeküste und westlich der Ems zum Stamm der Friesen gehörten. Östlich der Ems im Gebiet des heutigen Ostfrieslands lebten die kleinen Chauken und östlich der Weser hatten die großen Chauken ihr Stammesgebiet, das im Osten sogar über die Elbe hinaus reichte. Man darf sich die Flüsse allerdings nicht als starre Grenzlinien vorstellen. Die Quellen aus der Römerzeit sind nicht geeignet, die genauen Stammesgebiete zu ermitteln, weil die Gelehrten der Antike die Flüsse nur als Trennlinien nannten, damit die Leser ihrer Schriften sich geografisch besser orientieren konnten.

Auch den Fachleuten der Archäologie ist es bislang nicht möglich, eine exakte Grenzlinie zwischen Friesen und Chauken zu ziehen.

Die Bewohner der Küstengegend lebten hauptsächlich auf Einzelhöfen in Siedlungen, die man heute als Streusiedlungen bezeichnen würde. Dorfschaften nach heutigem Verständnis fanden sich z. Zt. Christi noch nicht.

Auf den Hofstellen befanden sich langgestreckte dreischiffige Wohnstallhäuser von wahrscheinlich etwa 20 m Länge und 5 m Breite. Zum Bau wurden Eichenpfosten als Pfeiler und mit Lehm beworfenes Flechtwerk als Wände verwendet. Zusätzlich gab es schuppenähnliche Lagerspeicher, die auf Pfosten standen, damit die dort lagernden Vorräte und Ernteerträge vor Schädlingen geschützt waren. Darüber hinaus gab es auch in die Erde eingelassene, hüttenähnliche Verschlage, die als Aufbewahrungsort für Proviant und Vorräte dienten. Die Menschen lebten von Ackerbau und Viehwirtschaft. In den Streusiedlungen konnten sie ihr Leben unabhängig von Kontakten und Handelsgeschäften mit auswärtigen Gegenden gestalten. Diese gab es aber durchaus, weil bereits besonders in handwerklichen Bereichen Spezialisierungen aufgekommen waren.

Die Landschaft an der Küste und die geographischen Verhältnisse waren vor 2000 Jahren ganz anders als heute. Im Laufe der Jahrhunderte verschwanden Inseln, andere haben sich neu gebildet, Landflächen wurden in Seegebiete umgewandelt und andere Gebiete wurden neu besiedelt. Meer und Land waren zur Römerzeit noch nicht durch Deiche voneinander getrennt, viel Land noch nicht gewonnen oder kolonisiert. Den Dollart gab es damals nicht, jedoch auf beiden Seiten der Ems zahlreiche Siedlungen, zwischen denen die Ems floss wie in heutiger Zeit.

Der Beginn der Germanenkriege durch Augustus war zunächst auf einzelne, räumlich eng begrenzte Konflikte beschränkt, aus denen sich allmählich eine Folge schwerer Auseinandersetzungen entwickelte. Nach den Verlautbarungen der antiken Schriftsteller ist Claudius Drusus (38 v. Chr. bis 9 v. Chr.), ein Stiefsohn von Kaiser Augustus, im Jahre 12 v. Chr. der erste römische Heerführer gewesen, der das Gebiet des späteren Ostfrieslands erreicht und die Nordsee befahren hat. Drusus Expeditionen und die oft damit verbundenen Feldzüge zwischen 12 v. Chr. bis 9 v. Chr. dienten hauptsächlich der Erforschung der rechtsrheinischen Gebiete und der Beruhigung des Nordabschnitts der Grenze. So kam es in dieser Zeit auch zu Feldzügen gegen die Chauken, womit aber keine Ergebnisse erzielt wurden. Hauptsächlich die landschaftlichen Gegebenheiten machten den römischen Legionären große Schwierigkeiten. Weil die Römer nichts von den Gezeiten wussten, gerieten sie einmal sogar wegen der Ebbe mit ihren Schiffen auf dem Trockenen. Die Friesen, die zu der Zeit wohl mit den Römern gemeinsam gegen die Chauken kämpften, retteten die Unglücklichen, wie es in antiken Schriften zu lesen ist. Drusus wandte sich bald darauf mit dem Landweg den Territorien östlich des Weser zu und kam bis an die Elbe. Im Jahre 9 v. Chr. verunglückte er bei einem Reitunfall und verstarb auf Grund der dabei erlittenen Verletzungen.

Als sich Tiberius Julius Caesar Augustus (42 v. Chr. bis 37 n. Chr.), ein Adoptivsohn von Augustus und späterer Kaiser von Rom, im Jahre 5 n. Chr. mit seinen Männern aufmachte, den Nordwesten Germaniens zu erkunden, lagen den Römern durch die Drusus-Expeditionen bereits Informationen über das Gebiet vor. Die Quellen zu Tiberius machen aber nicht klar, ob er die Ems befahren hat. Wahrscheinlicher ist, dass er auf dem Land- und vielleicht dem Seeweg in das Gebiet von Weser und Elbe gekommen ist, jedoch nicht in die Region Ostfriesland. Allerdings berichten die antiken Autoren, dass Flottenverbände des Tiberius die Nordsee befahren und wertvolle Informationen über die geografischen Verhältnisse gesammelt haben.

Es war eine vernichtende Niederlage, die die Römer im Jahre 9 n. Chr. sehr wahrscheinlich im Osnabrücker Land erlitten. Arminius, ein Cheruskerfürst, war es gelungen, ein großes germanisches Heer gegen die Truppen des Publius Quinctilius Varus, dem römischen Statthalter Germaniens, zusammenzustellen. Drei römische Legionen mit etwa 15.000 bis 20.000 Soldaten sowie Hilfstruppen und Bagage wurden vernichtet, das war ein Achtel des Gesamtheeres des Römischen Reiches. Mit dieser Schlacht endeten quasi wenige Jahre später die Versuche Roms, wesentliche Teile Germaniens zur Provinz des Imperiums zu machen.

Trotz alledem hat es nach der Varusschlacht noch Feldzüge gegen germanische Stämme gegeben, die man wahrscheinlich als Vergeltungsaktionen nach der bitteren Niederlage der Römer in Germanien werten kann. Der Feldherr Nero Claudius Germanicus (15 v. Chr. bis 19 n. Chr.) tauchte 14 n. Chr. mit einer römischen Flotte in der Mündung der Ems auf. Vier Legionen war das Heer stark und sie sollten neben weiteren Truppen, die den Landweg genommen hatten, gegen den germanischen Stamm der Brukterer eingesetzt werden. Die Friesen waren zu der Zeit wahrscheinlich mit den Römern verbündet und selbst die Chauken werden als Waffenkameraden in den Quellen genannt. Es ist nicht sicher, an welcher Stelle die Flotte in der Ems anlandete bzw. später abfuhr. Sicher ist dagegen, dass die römischen Soldaten an der Ems ein Lager für eine bestimmte Zeit errichteten, und es ist davon auszugehen, dass die Besatzung sehr groß gewesen ist. Die Männer waren bei einem Angriff in der Lage, die Schiffe in der Ems zu verteidigen.

Während die Landtruppen des Germanicus im Landesinnern Kämpfe gegen germanische Stämme führten, lagen die vielen Schiffe seiner Flotte an der Ems und warteten auf die Rückkehr der Landtruppe. Tacitus berichtet in den Schriften von 1.000 Schiffen, die in der Ems lagen. Diese Zahl ist sicher zu hoch gegriffen, sollte möglicherweise aber verdeutlichen, dass es sich um eine große Truppe handelte, die wahrscheinlich acht Legionen umfasste, also mehr als 20.000 Soldaten, wenn man die Hilfstruppen gar nicht mitrechnet.

Für die archäologische Forschung ist es aufgrund einer Fundstelle in der Flussmarsch an der unteren Ems erwiesen, dass die römische Flotte tatsächlich die Ems hochgefahren ist und sich dort aufgehalten hat. In Bentumersiel bei der Ortschaft Jemgum im Rheiderland wurde bereits in den 20er Jahren des letzten Jahrhunderts eine germanische Siedlung entdeckt, die Besonderheiten aufwies, und bei archäologischen Grabungen um 1970 und neuerdings um 2006/8 fanden die Fachleute dort etwa 30 Teile aus Metall, die von dem Gepäck und dem Rüstzeug römischer Legionäre aus der Zeit um 50 n. Chr. stammen. Es wurden vor allem römische Keramikscherben in großer Zahl entdeckt, aber auch Reste von Zaumzeug und einem Schwert. Die Fachleute erkannten sofort, dass diese Dinge sehr wahrscheinlich in Zusammenhang mit den Feldzügen des Germanicus stehen mussten und sie einen der wenigen Plätze in Nordwestdeutschland vor sich hatten, der mit den Römern in der Gegend in Verbindung gebracht werden kann.

Es fanden sich dort aber auch Dinge, die aus dem 5. und 4. Jahrhundert vor Christus stammen. Die Forscher gehen davon aus, dass es sich bei dem Areal nicht um eine einheitliche Siedlung gehandelt haben muss. Wahrscheinlich waren auf der Gesamtfläche einzelne Bereiche zu unterschiedlichen Zeiten besiedelt. Somit kann es möglich sein, dass Römer das Gebiet erst dann betraten, als die germanischen Bewohner das Land schon wieder verlassen hatten. Auf der anderen Seite ist nicht auszuschließen, dass bei Bentumersiel römische Legionäre und germanische Krieger aufeinander getroffen sind.

Man fand auf dem Areal auch Reste von Häusern ohne Stallanlagen und Viehboxen, was ungewöhnlich für germanische Siedlungen aus der Zeit ist. Eine weitere Besonderheit ist die Tatsache, dass die Behausungen nicht auf einer Wurt angelegt worden sind, obwohl sie sich unmittelbar an der Ems befanden und andere Siedlungen in Flussnähe alle auf künstlichen Erhöhungen errichtet wurden.

Nichtsdestotrotz weiß man heute, dass römische Legionäre sich in Bentumersiel aufgehalten haben. Die Experten kamen zu der Erkenntnis, dass man von einem richtigen Römerlager nicht ausgehen kann, weil keine Befestigungsanlagen gefunden wurden. Gut möglich ist jedoch, dass dort Handel getrieben wurde zwischen Römern und den germanischen Bewohnern. So kann es sich an dem Ort um einen Stapel- und Lagerplatz gehandelt haben. Die Siedlung war nicht als bäuerlicher Wohnsitz angelegt. Vielleicht lebten dort hauptsächlich Handwerker und Händler, die nur im Sommer den Ort als Handelsplatz nutzten. Weil die Archäologen auf dem Land auch römische Silbermünzen gefunden haben, ist die Annahme berechtigt, dass römische Legionäre dort Proviant kauften und das Erstandene mit dem Geld bezahlten.

Die militärischen Gegenstände der römischen Legionäre, die bei Bentumersiel gefunden wurden, gehören in die Zeit der Regentschaft von Augustus und Tiberius und erhärten die These, dass sie mit den Flotten des Germanicus in Zusammenhang gebracht werden können. Dazu kommt noch ein bei Bingum, einem etwa 5 km entfernten Nachbarort von Jemgum, bereits im Jahre 1863 gefundener Münzschatz, dessen Münzen auch in die Zeit von Augustus gehören.

Bei den Militaria in Bentumersiel handelt es sich vor allem um Riemenbeschläge von dem Lederzeug der Legionäre. Die römischen Keramikteile, die dort entdeckt wurden, waren typische römische Exportartikel, die vielleicht mit Schiffen auf dem Handelsweg über die Ems in das Gebiet bei Jemgum gekommen sind, und nachdrücklich darauf hindeuten, dass bei Bentumersiel ein Handelsumschlagplatz bestanden hat.

Insgesamt sind die archäologischen Funde römischer Herkunft in Ostfriesland eher selten. In Westerhammrich bei Leer machten die Ausgräber jedoch Funde, die nach Einschätzung von Experten nur durch eine rege Handelstätigkeit dorthin gelangt sein können. Es wurden dort u. a. eine bronzene Statuette des Krieggottes Mars sichergestellt, Tonscherben mit römischen Ziffern sowie eine Silbernadel mit Goldauflage. In Meinersfehn bei Uplengen war es ein kostbarer Goldring aus dem 4. Jahrhundert n. Chr., der 1938 bei Kultivierungsarbeiten im Moor entdeckt wurde.

Kontakte zwischen den Römern und den Bewohnern Ostfrieslands kamen wahrscheinlich lediglich in einem Zeitraum von etwa 50 Jahren zustande. Aufgrund der verschiedenen Quellen aus dem Bereich des antiken Schriftgutes und der archäologischen Forschung kann konstatiert werden, dass diese Begegnungen nicht ausgedehnt und nachdrücklich gewesen sind, weil die militärischen Operationen und Expeditionen der Römer später ausblieben und daher die Geschichtsschreiber keine weiteren Quellen über die Entwicklung im Küstenraum der Nordsee hinterlassen haben.

Gegen Ende des Imperium Romanum und in der Zeit der Völkerwanderung kam es im 4. Jahrhundert n. Chr. zu weitreichenden Veränderungen in Ostfriesland. Der Meeresspiegel stieg und führte oft zu Überschwemmungen, die das Leben der Menschen vor allem in der Marsch bedrohten. Die Menschen mussten davor zurückweichen und weite Teile Ostfrieslands wurden unbewohnbar und entvölkert. Aber auch der Zerfall des römischen Reiches wirkte sich in Ostfriesland aus, denn der Handel zwischen den dortigen Bewohnern und den Römern war trotz immer wieder auftretenden Feindseligkeiten nie zum Erliegen gekommen, endete aber als die Nachfrage aus den Provinzen des römischen Reiches ausblieb. Die Handelswaren der Germanen aus der Region fanden keine Abnehmer mehr. Die Archäologen gehen davon aus, dass diese Tatsache zu veränderten Wirtschaftsweisen und zur Verlegung von Bauernstellen sowie zu Wanderungsbewegungen in der Region geführt hat. Die Funde der Altertumsforscher führten zu der Annahme, dass in der Zeit der Völkerwanderung die Bewohner zumindest des östlichen Ostfrieslands in den Stamm der Sachsen eingegliedert worden sind, und im 7. und 8. Jahrhundert ist es wahrscheinlich durch Neusiedlungen zu einer bedeutenden Vergrößerung des friesischen Siedlungsraumes gekommen. Dieser umfasste im Westen Küstengebiete bis in den Bereich im Norden von Brügge und südliche Teile von Holland sowie im Osten die Landschaft Wursten zwischen Cuxhaven und Bremerhaven und sogar nordfriesische Inseln.

Normannensturm

Es war an einem bis dahin ruhigen Tag im Jahre 854 n. Chr., als sich den Bewohnern an der Küste Ostfrieslands ein furchteinflößender Anblick bot. Aus dem Meer erhob sich am fernen Horizont und beschleunigt durch einen starken Nordwestwind eine förmliche Wand aus Segeln. Es handelte sich um rechteckige Segel, und diese Form der Segel machte schnell klar, dass es sich um die offenen Schiffe der Normannen (Nordmänner) handelte, mit denen sie ihre Raubzüge an der friesischen Küste unternahmen.

Die Küstenbewohner an der Nordsee erkannten aber schnell, dass es sich bei der Anfahrt so vieler Schiffe nicht um einen gewöhnlichen Raubzug handeln konnte. Die vielen und immer näher kommenden Schiffe hatten ein richtiges Heer von Kriegern an Bord, dazu kamen Knappen und Gefolgsleute, Handwerker und Experten des Waffenbaus, Proviant und die ganze Bagage, die bei einem Kriegszug mitgeführt wurde. Es war ein richtiges Invasionsheer, das sich dem Gebiet Ostfrieslands näherte. Der Raubzug musste aufgrund der Anzahl der Schiffe größer werden als frühere Überfälle der Männer aus dem Norden.

Der Begriff Normanne hat ganz unterschiedliche Bedeutungen. So versteht man im Deutschen unter Normannen die Skandinavier des Mittelalters, also Menschen aus den Gebieten der heutigen Länder Schweden, Norwegen, Dänemark und auch Island. Von Normannen stellen die Wikinger eine kleine Teilgruppe dar.

Unvertraut war den Bewohnern der Region der Anblick auftauchender Normannenschiffe nicht. Immer wieder waren in den zurückliegenden Jahrzehnten „heidnische Heere" der Normannen plündernd in die Küstenzonen des Frankenreiches eingefallen, um ihren schlimmen Beutehunger zu stillen. Ostfriesland gehörte im 9. Jahrhundert zum Frankenreich. Karl der Große hatte nach dem Sieg über die Sachsen im Jahre 785 n. Chr. ganz Friesland mit den östlichen Gebieten bis zur Weser erobert. Danach führten vor allem die Missionare Liudger und Willehad die Christianisierung in Ostfriesland erfolgreich durch. Der östliche Teil wurde dem Bistum Bremen zugewiesen, und der westliche Teil kam zum Bistum Münster. Die Franken ließen das friesische Recht aufzeichnen und ergänzten die alten friesischen Rechtsvorschriften mit fränkischen Gesetzen. Diese Rechtsgrundsätze nannte man „Lex Frisionum" (Gesetz der Friesen).

Die fränkischen Karolinger gewährten den Friesen das Recht, ihnen Heerfolge nur innerhalb Frieslands leisten zu müssen. Damit schufen die Karolinger sich einen Untertanenverband, der das Reich gegen die heidnischen Heere der Normannen mit vollem Einsatz schützen würde, da die Friesen ein Interesse daran hatten, ihr Eigentum zu behalten. Dieses Eigentum war „frei", weil das karolingische Königtum die Friesen unmittelbar ihrer Königsherrschaft unterstellte und sich in dem Gebiet der Friesen keine hochadlige Machtkonkurrenz etablierte. Ihre lediglich vom König abhängige Freiheit von Grund und Boden machte die Friesen zu ständig verteidigungsbereiten Untertanen.

Die zahlreichen Normannenüberfälle vor allem im 9. Jahrhundert führten zu einer Heerfolgepflicht, die für die Küstenbewohner nur in ihrer Heimat bestand und in der Verteidigung des heimatlichen Territoriums bestand.

Aber warum kam es immer wieder zu Überfällen der Normannen, die bereits zu Lebzeiten Karls des Großen am Anfang des 9. Jahrhunderts einsetzten?

Die Forschung begründet die Ursachen einerseits damit, dass das fränkische Reich außenpolitisch ungeschickt agierte, andererseits kam es schon nach 800 n. Chr. zu Thron- und Erbfolgestreitigkeiten in der dänischen Dynastenfamilie. Diese innernormannischen Angelegenheiten wurden in die Auseinandersetzungen des dänischen und fränkischen Reiches hineingetragen und verschärften die Konflikte. Auf der anderen Seite waren die Lage Frieslands und dessen wirtschaftliche Bedeutung so wichtig, dass hier errungene dänische bzw. normannische Erfolge bei Beutezügen das fränkische Reich empfindlich treffen und die Dominanz auf See mitsamt den daraus sich ergebenden Folgen für den Seehandel außerordentlich stärken konnten. Die geschickte und wagemutige Seefahrt der Normannen verband sich mit einem kriegerischen Heroismus, der nach Bewährung im Kampf, Beute und Herrschaft trachtete. Für die Normannen war der Raub im Verlauf der Geschichte zu einer ehrenvollen Beschäftigung geworden und entsprach nach ihrem Verständnis dem Willen ihrer Götterwelt. In die feindlichen Gebiete trieb dieser Tatendrang die Normannen. Feinde waren alle, die nicht dem eigenen Stamm angehörten und insbesondere die, die auch noch andere Gottheiten verehrten. Das waren insbesondere die fränkischen Missionare, die darüber hinaus das Ziel hatten, die Normannen mit dem Gott der Christen zu bekehren. Dabei zeichneten sich die Missionare aus durch eine demütige Haltung und dem Gebot der Nächstenliebe, was dem Ehrbegriff der Normannen außerordentlich widersprach. Ruhm und Ehre waren die höchsten Tugenden der nordischen Krieger und Kampf, Herrschaft und Eroberung die Mittel, diese Ehre zu erlangen.

In dieser Absicht segelten die Krieger an die feindlichen Küsten. Kampfgerüstet näherten sie sich den Dörfern, überfielen die völlig überraschten Bewohner, stellten sie zur Schlacht, verfolgten die Fliehenden, um sie zu töten, und plünderten die verlassenen Dörfer. Das Vieh der Feinde wurde sodann geschlachtet, das Fleisch und andere Beute auf die Schiffe gebracht. Danach stachen sie in See und machten sich auf die Fahrt zu einem nächsten Raubzug.

Die Plünderungen der Städte und Dörfer im frühen Mittelalter waren mit unvorstellbaren Gräueltaten verbunden. Schon der Missionar Liudger soll die Folgen der Verwüstungsfahrten der Normannen vorausgesagt haben und Altfried, der Biograph Liudgers, schrieb dazu in einem Kommentar. „Nach seinem (Liudgers) Tode aber haben wir fast jedes Jahr schreckliche und unzählige Plagen von dem wilden Nordmannenvolke erduldet, denn die Kirchen werden verbrannt, die Klöster zerstört, die Landgüter von den Bewohnern verlassen, so dass infolge der Sünden die Küstengegenden, welche früher von einer Menge Menschen bewohnt waren, fast zu Einöden wurden."

Margarete Stallmann hat eine etwas andere Sichtweise und schreibt über die Raubzüge des Wikingerhelden Egil in den Isländersagen, die zu den wichtigsten Schriften der mittelalterlichen europäischen Literatur gehören: „Der isländische Bericht erzählt uns vom Kampf und Raub, nicht aber von der Vernichtung alles Menschenlebens. Daß die Wikinger Männer, Frauen und Kinder töteten, berichtet die Geschichte und fügt hinzu, auf diese Weise habe man sich vor der Rache der Überfallenen sichern wollen. Es kam auch vor, dass Gefangene mitgeführt wurden. Die Höfe gingen in Feuer auf, manches Dorf wurde menschenleer. Daß die Überfälle so häufig waren, mag uns einen Begriff von dem Reichtum des Landes (Friesland) geben. Die Wikinger hatten Vieh geraubt, das schlachteten sie, so hören wir in dem isländischen Bericht. Es wird nicht gesagt, welcher Art diese Beute war, ob Schätze, Stoffe oder Erzeugnisse aus der Landwirtschaft."

Man muss sich vor Augen führen, dass Handel und Raub in jener Zeit oft zusammen gingen. Wenn auch der Diebstahl innerhalb des eigenen Stammes geahndet wurde, waren doch Überfall und Raub nach dem Rechtsverständnis der Normannen in fremden Ländern erlaubt. Der erfolgreiche Beutezug stellte keine unehrenhafte Handlung dar, sondern war eine ruhmreiche Tat. Diese Taten gehörten zum Ansehen eines freien Nordmannes.

Es kann davon ausgegangen werden, dass die Normannen keine Leibeigenschaft kannten, die ja bei vielen anderen Völkern im Mittelalter üblich war. Vor allem die Siedlungen der Wikinger bestanden aus freien Bauernstellen, und die Basis des Wohlstandes im eigenen Land war das unabhängige Bauerntum auf Höfen und Gütern.

Dieses Freiheitsgefühl lässt sich auch als Mangel an Bereitschaft zur Unterordnung interpretieren. Keineswegs entsprach das Freiheitsgefühl der Normannen allerdings der Achtung vor der menschlichen Freiheit allgemein. Leibeigenschaft war ihnen schon bekannt, denn gefangene Feinde wurden als Sklaven eingesetzt oder als Gefangene gegen hohes Lösegeld wieder freigelassen.

Die Normannen verfolgten bei ihren Einfällen in Gebiete des Frankenreiches noch andere Ziele. So verzichteten sie z. B. auf ihre Übergriffe, sobald ihnen von ihren Feinden ein Lehen zugewiesen wurde. Dadurch erhielten sie vor allem Rechte an fremden Grund und Boden, den sie zum eigenen Ertrag verwenden konnten.

Darüber hinaus spielte die reine Machtvergrößerung bei ihren Überfällen eine Rolle. Es gab bei den Normannen vor allem im 9. Jahrhundert durchaus Überlegungen, ob es nicht gelingen könnte, Friesland und Sachsen dem dänischen Reich einzuverleiben.

Nicht zuletzt spielte das Motiv der Vergeltung bei den Normannen eine Rolle. Wenn das Frankenreich schützend Feinde der Nordmänner aufgenommen hatte oder sie bei militärischen Vorgängen sogar unterstützt hatte, forderte dieses Verhalten Rachegedanken und entsprechende Raubzüge an der friesischen Küste heraus.

Wie es bei den zahlreichen Normanneneinfällen und Beutezügen auf ostfriesischem Boden zugegangen ist und in welcher Anzahl diese stattgefunden haben, davon liegen schriftliche Quellen von Zeitgenossen nicht vor. Mit Sicherheit kann davon ausgegangen werden, dass es 854 n. Chr. bei der Verwüstung der friesischen Gebiete vor allem an der sächsischen Grenze auch zu Kampfhandlungen in Ostfriesland gekommen ist. Der Bischof und Gelehrte Prudentius († 861 n. Chr.) berichtet darüber in seinen Schriften.

Es scheint gegen die Normannen in Ostfriesland nur selten zu Kämpfen größeren Stils mit einer entsprechenden Reflexion und Niederlegung in den mittelalterlichen Chroniken gekommen zu sein. Es gab auch noch keine Klöster in Ostfriesland, in denen solche Zeitereignisse in der Regel schriftlich festgehalten wurden. Allerdings haben wir aus dem Kloster Corvey, einer Benediktinerabtei an der Weser auf dem jetzigen Stadtgebiet von Höxter, Nachrichten über eine bedeutende Normannenschlacht zwischen Ems und Weser. Diese Nachricht diente in erster Linie dazu, den Bremer Erzbischof Rimbert zu rühmen, der auf den Verlauf dieser Schlacht ganz besonderen Einfluss hatte.

Es soll im Jahre 884 n. Chr. gewesen sein, als ein großes Normannenheer im Gau „Nordwidu" (auch „Norditi") ganz in der Nähe der Hilgenrieder Bucht im Norderland landete. Rimbert hielt sich dort auf, weil das Gebiet zu seinem Sprengel gehörte. Er blieb nicht untätig angesichts der großen Gefahr und organisierte sogleich die Verteidigungsmaßnahmen, ermutigte die christlichen Friesen zum Kampf, betete während der Kampfhandlungen für alle sichtbar auf einem Hügel, um Gottes Hilfe zu erflehen. Rimbert soll daneben noch Zeit gefunden haben, die Kämpfer auf Seiten der Friesen durch seine Anweisungen zum Erfolg in dieser Schlacht zu führen. Der Sieg war wohl gewaltig und kostete auf Seiten der Feinde über 10.000 Tote, die erschlagen auf dem Schlachtfeld lagen. Diese hohe Anzahl ist jedoch in Zweifel zu ziehen, denn die Nennung von sehr hohen Zahlen in den alten Quellen sollte auf die gewaltige Dimension des erfolgreichen Krieges hinweisen.

Nach den schriftlichen Quellen aus dem Kloster Corvey wurden viele Feinde während ihrer Flucht „beim Durchqueren der Gewässer" getötet.

Man kann sich vorstellen, dass das feuchte Schlachtfeld in der Marschgegend von „Tiefs" durchzogen gewesen ist, also ein Gebiet war, wo gepanzerte Reiter gar nicht kämpfen konnten. An solchen Orten kämpfte weitgehend das Fußvolk. Es waren einfache Kämpfer, Leute die irgendwie waffenfähig waren und in großer Zahl aufgeboten werden konnten. Auch damit ist wohl der Sieg der Küstenbewohner in dieser Schlacht gegen die Normannen zu erklären, dass hier das Gros der Bevölkerung ohne Ansehen des Standes um seine Freiheit kämpfte. Die Friesen „erfochten einen herrlichen Sieg", wie es der Historiker Wiarda um 1790 ausdrückte.

Mit diesem bedeutsamen Sieg konnte das schrankenlose Vordringen der Normannen in das fränkische Reich gestoppt werden. Den Küstengebieten war dadurch aber noch nicht endgültig geholfen. Quellen über ähnliche Schlachten finden sich zwar nicht, aber auch im 10. Jahrhundert war das Leben immer wieder von Beutezügen der Nordmänner belastet. Als jedoch Dänemark durch das politische Wirken einzelner Herrscher geeinigt war, sich die gesellschaftlichen Verhältnisse dort entspannten und später der Einfluss des Christentums unter dem dänischen und norwegischen König Harald Blatand (um 910 – 987 n. Chr.) zunahm, waren die Beutezüge der Nordmänner im Abflauen begriffen. Die Normannen wandten sich auch politisch neuen Zielen zu, wie der Eroberung Englands. Die Eroberung gelang im Jahre 1066 n. Chr. und führte letztlich zur normannischen Herrschaft über das Königreich England.

Mittelalterlicher Deichbau

Wenn man sich mit den Anfängen des Deichbaus in Ostfriesland beschäftigt, wird einem schnell klar, dass darüber die schriftlichen Quellen, die im Mittelalter zu suchen sind, rar und eigentlich unzureichend sind, weil sie sich auf wenige Nachrichten beschränken. In den Archiven unserer Region existieren Deichbauakten des Mittelalters so gut wie gar nicht, während sie nach dem Epochenwechsel immer zahlreicher werden und nach 1600 in großer Anzahl vorhanden sind.

Wir können davon ausgehen, dass mit Beginn der Neuzeit auch in der Entwicklung des Deich- und Schleusenbaus eine neue Ära begann und daher ein erster Abschnitt der Deichbaukunst mit dem Mittelalter endete. Mit Beginn der frühen Neuzeit, die sich durch viele Veränderungen in kultureller, aber auch in technisch-naturwissenschaftlicher Hinsicht kennzeichnete, setzten zudem neue technische Arbeitsmethoden und die ihnen zugrunde liegenden theoretischen Grundlagen ein.

Will man über den Deichbau in Ostfriesland im Mittelalter Aussagen machen, ist man geraten, auch niederländisches Quellenmaterial heranzuziehen, weil die Quellenlage der Niederländer gut ist und die Niederländer schon früh kenntnisreich auf dem Gebiet des Deichbaus und der inneren Kolonisation waren und darüber hinaus bereits im 12. Jahrhundert auch auf deutschem Gebiet tätig gewesen sind.

Aber wann sind die Deiche in unserer Region entstanden? Zunächst kann dazu gesagt werden, dass es Schutzmassnahmen in Form von Erdwällen und Umwallungen von flutgefährdeten Flächen schon sehr früh gegeben hat und diese Erdwälle von geringer Höhe nicht als spezielle Erfindungen oder Kunstfertigkeiten anzusehen sind. Das Umringen von Äckern und Wiesen mit niedrigen, deichartigen Anlagen war an den Flachlandküsten der Nordsee sei jeher üblich und wurde von einzelnen Bewohnern immer dort vorgenommen, wenn man dies als Schutz vor höheren Sommerfluten für geraten hielt.

Ein ausreichendes Deichsystem in Friesland, und da sind sich die älteren und modernen Experten und Geschichtsforscher sowie auch deutsche und niederländische Archäologen aufgrund ganz unterschiedlicher Quellen weitgehend einig, ist wohl allgemein nach dem 10. Jahrhundert zustande gekommen. Im 12. Jahrhundert lassen Deiche sich aber bereits in ganz Friesland einwandfrei nachweisen. Der Beginn des Deichbaus zum Zweck des Schutzes von größeren Distrikten vor Überflutung und als eine gemeinsame Aufgabe der betreffenden Bewohner ist also um das Jahr 1000 zu datieren.

Man nimmt an, dass in der ältesten Zeit zunächst einzelne Kirchspiele die Träger des Deichbaus gewesen sind. Wahrscheinlich war es so, dass eine gesamte Kirchengemeinde in gemeinsamer Arbeit den Deich baute und gemeinsam unterhielt. Etwa im 12. Jahrhundert ging man aber mehr dazu über, von der gemeinsamen Deichwirtschaft, der sogenannten Kommuniondeichung, abzurücken und zur sogenannten Pfänderwirtschaft überzugehen. Pfänder waren individuell zu unterhaltende Deichstrecken. Der Übergang zur Pfänderwirtschaft ging einher mit der Schaffung besonderer unterschiedlicher Deich- und Sielrechte in friesischen Einzellandschaften. Nebenbei entstanden im Verlauf dieser Entwicklung selbständige Deich- und Sielverbände mit einer eigenen Gerichtsbarkeit und einem Hang zur Autonomie. Die Verbände fungierten weitgehend losgelöst von der Landesverwaltung. Die für diese Deich- und Sielverbände tätigen Deich- und Sielrichter wurden aus den Reihen der selbständigen Bauern mit Grundbesitz bestimmt. Diese Männer leiteten das Deich- und Entwässerungswesen ihres Deich- und Sielverbandes, regelten und beeinflussten die Deichangelegenheiten und führten Aufsicht bei Deichbauarbeiten. In der Hinsicht rügten sie Mängel und mussten für die Beseitigung von Missständen sorgen.

Der Grundbesitz innerhalb eines Terrains, das zum Deichvorland gehörte, war bereits im 11. Jahrhundert deichpflichtig, wie alte Rechtsverordnungen für Friesland klar aufzeigen.

Die Höhe der Leistungsverpflichtung des Eigentümers, die sogenannte Deichlast, war abhängig von der Größe und Beschaffenheit des Landes. Im Laufe der Zeit zeigte die sogenannte Pfanddeichung immer größere Mängel auf, weil die Organisation der gesamten Deichwirtschaft zersplittert war und Einzelne durch Nachlässigkeit oder unsachgemäße Verrichtung der Arbeiten den Erfolg der Schutzmaßnahmen insgesamt gefährdeten. Daher ging man langsam dazu über, alle Deicharbeit eines Bezirkes in eine Hand zu legen und die Eigenleistungen der Deichpflichtigen einzuschränken, indem man diese durch Zahlungen einer Geldsumme ablöste. Das war ein Schritt der den Übergang der Naturalwirtschaft zur Geldwirtschaft einleitete und die Arbeit am Deich durch Lohnarbeiter bedeutete.

Als Fachleute kann man die Männer, die in den Anfängen den Deichbau leiteten, kaum bezeichnen. Technische Bauanleitungen gab es in der Frühzeit nicht. Man arbeitete aufgrund eigener Erfahrungen oder der Erfahrung von Vorgängern. Diese Defizite führten bei Sturmfluten nicht selten zu schweren Katastrophen. In Friesland waren in der Zeit der Landesgemeinden (ca. 9. bis 14. Jht.) wohl die „Redjeven", die Rechtsprecher in den mittelalterlichen Gemeinden, für die Deichwirtschaft zuständig. Später, so im Deichrecht Edzards des Großen dokumentiert, richtete man das Amt des Deichgrafen ein, der mit amtlichen Befugnissen ausgestattet war und das Deichwesen verwaltete und leitete. Zu der Zeit gab es wohl auch die ersten wirklichen Deichbautechniker (Deichmeister), die das oftmalige Durcheinander beim Bau der Deiche und bei den Reparaturmaßnahmen beendeten. Neben den Deichgrafen fanden auch die Deichmeister ihre Hauptaufgabe darin, die Tätigkeiten der am Deich arbeitenden Tagelöhner zu beaufsichtigen und diese zu entlohnen, für die richtige Ausführung der umfangreichen Erdarbeiten zu sorgen sowie Deichbaumaterial, wie etwa Stroh, Holz und Soden, zu kaufen.

Aus vorhandenen Quellen in Holland geht hervor, dass dort bereits im Mittelalter große Masseneinsätze an Arbeitskräften im Deichbau nicht selten waren, so insbesondere wenn Deichstrecken in große Gefahr gerieten und deren Schutz gewährleistet werden musste. Im friesischen Raum waren im 11. Jahrhundert und vor Einführung der Pfänderwirtschaft alle Gemeindemitglieder Deichgenossen, d. h. Deichbau und Deichunterhaltung geschah durch Arbeit der gesamten Eingesessenen eines Kirchspiels. Die Besitzer der deichpflichtigen Höfe mit ihren männlichen Familienmitgliedern und dem Gesinde hatten sich für die Arbeiten am Deich einzufinden. Deicharbeit als Massenarbeit mit freien Lohnarbeitern kam wahrscheinlich erst nach dem Epochenwechsel auf. Diese Tatsache geht u. a. aus Aussagen im ostfriesischen Landrecht nach 1500 hervor, weil dort die Deicharbeit von freien Arbeitskräften genannt wird.

Die Unterbringung der am Deich arbeitenden Menschen brachte in älterer Zeit keine großen Probleme mit sich, weil es sich ja um Deichpflichtige handelte, also um in der Nähe wohnende Land- und Hofbesitzer, die mit ihren Knechten bei Einbruch der Dunkelheit zu ihren Gehöften zurückkehrten. Auch die Verpflegung mit Essen und Trinken verursachte keine großen Schwierigkeiten, denn die Menschen versorgten sich selbst und brachten ihren Proviant von Zuhause mit.

Die technischen Mittel bei Beginn des Deichbaus waren sehr begrenzt, wie man aus Verlautbarungen in Rüstringer Rechtssatzungen aus dem 13. Jahrhundert weiß: „Auch wollen wir Friesen unser Land halten und mit dreierlei Werkzeug verteidigen: Mit dem Spaten und mit der Tragbahre und mit der Forke." Die dort genannten drei Deichbaugeräte waren wahrscheinlich in den Anfängen die wichtigsten Geräte, um die im Mittelalter zum Deichbau notwendigen, teilweise sehr großen Erdbewegungen mühselig zu bewerkstelligen. Diese Werkzeuge zeichneten sich nicht als technisch hochentwickelte Geräte aus, sondern sind in ihrer Machart eher primitiv gewesen. Es waren die im Mittelalter gebräuchlichen Ackerbaugeräte, mit denen der Bauer gewöhnlich seinen Feld- und Ackerbau verrichtete. Beim Deichbau grub man mit dem Spaten die Erde; diese brachten die Männer mit der Tragbahre an die Deichbaustelle und mit der Forke legten die Arbeiter bereitliegende Soden sorgfältig und aneinander auf die Deichböschung. Danach klopften die Deicharbeiter sie behutsam an, um den Meereswellen bei hohen Fluten ihre zerstörende Wirkung zu nehmen und die Schutzwälle nicht einreißen zu lassen. Die Bahren wurden von zwei Männern getragen. Sie bestanden aus zwei Längsholmen und vier breiten Querholmen. Die Erde wurde im Mittelteil abgelegt und dann von den zwei Trägern transportiert. Wahrscheinlich wurden gelegentlich auch Kleischlitten und Sturzkarren („Störten" oder „Wippen") zumindest zum Ende der mittelalterlichen Epoche für Deichbauzwecke benutzt.

Die vorhandenen Quellen machen deutlich, dass die frühen Deiche nicht in unmittelbarer Nähe des Wassers angelegt wurden, sondern in größerer Entfernung, um die technisch noch nicht so weit entwickelten Schutzwälle mit davor liegenden Ländereien abzuschirmen. Diese frühen Deiche hatten in der Regel eine zu steile Außenböschung, wenn man sie mit der modernen Bauweise unserer Tage vergleicht.

An der Innenseite der Erdwälle gab es einen Weg, der parallel zum Deich verlief und mit einigem Abstand zu dem Damm angelegt wurde. Sein Zweck bestand darin, Stellen im Deich zügig erreichen zu können, die ausgebessert werden mussten, wenn Stürme und Meereswellen dem Schutzwall arg zusetzten. Der Landstreifen zwischen dem Deich und dem Weg sollte bei Sturmfluten zudem zur Erd- und Sodengewinnung für die Ausbesserung der Schutzwälle dienen.

Die ersten Deiche waren nicht besonders hoch, anfänglich etwa drei Meter, um 1400 auch bis fünf Meter hoch. Die Basisbreite betrug im 13. Jahrhundert etwa zehn Meter; die Kappenbreite der Erdwälle lag bei ca. zwei Metern.

Die zum Bau und zur Ausbesserung von Deichen benötigte Erde entnahm man in der Regel aus dem Land, das „außendeichs", also zum Meer hin, lag. Erde aus dem Land auf der Deichinnenseite verwandten die Deichbauer nur selten, weil sie befürchteten, dass die Entnahme auf der Innenseite die Deichstabilität gefährdete. Auch ein gewisser Abstand der Grabungsstelle vom Deichfuß wurde bereits früh in Rechtssatzungen festgelegt, wie entsprechende Quellen verdeutlichen.

Auf das An- und Aufschütten des Deichkörpers folgte die Festigung der Böschung. In den Anfängen hat man durch Stampfen und Treten die unregelmäßige Oberfläche der Deichschräge zu einer gleichförmigen Fläche zu gestalten versucht. Aber bereits früh gingen die am Deich tätigen Männer daran, die Böschungen bis zu einer gewissen Höhe mit Soden abzudecken. Quadratisch gestochene Grassoden von einer bestimmten Dicke pflegte man mit der Forke an der Böschung in den Verband zu platzieren. Diese Soden standen in der Nähe des Deiches in der Regel nicht in ausreichender Zahl zur Verfügung und mussten meistens mühevoll und kostspielig beschafft werden.

Schon früh begannen die Deichbauer insbesondere bei Deichen ohne Vorland besondere Verfahren anzuwenden, um die Dämme haltbarer zu machen. Das Bestücken der Deichböschung mit Stroh war eine solche Technik, wobei man durch Matten mit Strohgeflecht versuchte, das Erdreich des Deiches gegen Wasser, Wellenschlag und Strömung zu schützen. Dieses Vorgehen war besonders dann geboten, wenn die zum Festigen der Außenböschung nötigen Soden nicht in ausreichender Anzahl zur

Verfügung standen. Es wurde vor allem Roggen- und Weizenstroh verwendet, aber auch Gersten- und Haferstroh wurde benutzt. Dieses Verfahren mit Stroh ist wahrscheinlich erst zum Ende des Mittelalters an der Nordsee aufgekommen. Für Friesland gibt es darüber nur sehr spärliche Quellen.

Man fragt sich, warum zum Transport der Deicherde und der anderen Materialien keine Pferdekarren benutzt wurden. Es ist davon auszugehen, dass die Bauexperten schon in den Anfängen des Deichbaus die Erfahrung gemacht hatten, dass die mittelalterlichen Karren und Wagen für den Erdtransport zu schwer und unhandlich waren. Das ständige Befahren der wahrscheinlich immer tief einsackenden Wagen machte die Anfahrt zur Baustelle schnell unpassierbar und auch das Befahren der Deichschrägen war natürlich unmöglich, weil damit die neu angelegte Böschung wieder zerstört wurde.

Mit großer Sicherheit und bei Zugrundelegung aller vorhandenen Quellen kann man konstatieren, dass im Mittelalter ausschließlich die Tragbahren zum Transport der Erde und der anderen Materialien benutzt wurden. Das bedeutet, dass die Menschen an der Küste bis zum Ende des Mittelalters die Deiche in unvorstellbar mühseliger und schwerer körperlicher Arbeit aus Erde und Soden aufgebaut haben, wobei sämtliches Material von den Einwohnern der vor allem am Meer liegenden Kirchengemeinden herangetragen wurde. Die Arbeit der Menschen an den Deichen zeugt von einer imponierenden Leistungsfähigkeit, und die Ostfriesen mit ihren rührigen Deich- und Sielachten sind noch heute mit Recht stolz auf die Arbeit und den Gemeinsinn der Menschen an der Küste und auf die tausendjährige Deichbaugeschichte ihrer Region.

Am Upstalsboom

Im Jahre 1214 kam es in friesischen Landen zu einiger Unruhe. Ein gewisser Rodbern hatte sich im Fivelgoerland (Region um Appingedam) mit noblen Persönlichkeiten seines Gebietes verbündet, und sein Herrschaftsgebaren gab Anlass zu großen Klagen der umliegenden Gemeinden. Solche Klagen wurden zu der Zeit im Rahmen der Versammlungen am Upstalsboom in der Nähe von Aurich vorgebracht, und es wurde dort nach Lösungen gesucht.

Aber wie war es dazu gekommen? Weil das Karolingische Reich im 9. Jahrhundert zerfiel und die Normannen die Nordseeküste immer wieder bedrohten, entwickelten die Friesen ein eigenes Selbstbewusstsein und sahen die Notwendigkeit, die Abwehr der kriegerischen Angriffe durch die Nordmänner aus den skandinavischen Gebieten aus eigener Kraft vorzunehmen. Gleichzeitig bildete sich bei ihnen langsam und stetig eine eigene politische Verfassung aus. Obrigkeitliche Gewalt hatte hier keinen Platz. Dazu kam der verstärkte Deichbau im 12. und 13. Jahrhundert, der von den Friesen ein gemeinsames Handeln aller Bevölkerungsgruppen erforderte. Das trug zu einem ständischen Ausgleich bei und förderte die Entstehung von selbstverwaltenden Landesgemeinden. Es konstituierte sich also in der friesischen Küstenregion ein Gegenmodell zum abendländischen Feudalismus. Dieses Friesland im Gebiet zwischen Zuidersee und Unterweser gliederte sich bald in fast 30 Landesgemeinden. Die Anzahl variiert im Verlauf der Jahrhunderte etwas wegen der Veränderung einiger Herrschaftsbereiche. Wahrscheinlich lässt sich das friesische Gebiet mit dem besonderen Gesellschaftssystem heute am besten als Bauernrepublik mit einer Ratsverfassung auf genossenschaftlicher Grundlage beschreiben. Die Landesgemeinden bezeichneten sich als „terra" oder „universitas". Zu den Landesgemeinden gehörten im ostfriesischen Raum das Harlingerland, Emsigerland, Moormerland, Rheiderland, Overledingerland, Lengenerland, Norderland, Brookmerland und Auricherland. Das gemeinfriesische Grundrecht bildeten die 17 Küren und 24 Landrechte. Um dazu eine allgemeine Verbindlichkeit herzustellen, war eine gemeinsame Organisation nötig. Diese wurde gewährleistet in dem Zusammenschluss der Landesgemeinden zu einem Landfriedensbund. Die Union wurde damals als „tota Frisia" oder „Sieben Seelande" bezeichnet. Die Zahl „Sieben" steht dabei nicht für eine Anzahl von Regionen, sondern vielmehr für eine poetische Form, um am besten die besondere Einheit der an sich autonomen Landesgemeinden zum Ausdruck zu bringen. Ein Zusammenschluss der „Länder" war nötig, um den Frieden in ganz Friesland zu bewahren. Jeweils zwei Abgesandte, Geschworene oder „Seeländische Richter" aus den Landesgemeinden trafen sich immer am Dienstag nach Pfingsten am Upstalsboom und hielten Rat. Es ging bei den Vollversammlungen vor allem darum, innere und äußere Bedrohungen abzuwehren und Ruhe und Ordnung in dem Verbund sicherzustellen. Landesverteidigung und Rechtsprechung waren Aufgabe des Bundes.

Der Tagungsort Upstalsboom war ursprünglich ein Hügel, wahrscheinlich im 8. Jahrhundert aufgeschüttet als Grablege einer sozial hochstehenden Person. Experten vermuten, dass es sich bei dem Grabhügel sogar um den Überrest eines frühmittelalterlichen Gräberfeldes gehandelt hat. Die Stätte ist sicherlich immer wieder als Tagungsort genutzt worden und es wurden dort wohl regelmäßig Gedenkfeste abgehalten. So könnte der Hügel vom Upstalsboom von solchen lokalen und regionalen Anfängen mit der Zeit zu einer überregionalen Versammlungsstätte geworden sein.

Im Falle von Rodbern entschied die Versammlung am Upstalsboom, dass die Friesen von der Ostseite der Ems die Ruhe im Fivelgoerland wieder herstellen sollten. Der Entscheidung kam man nach und nach der Sitte und dem Gesetz der Friesen wurden die Häuser von Rodbern und seinen Verbündeten in Brand gesetzt und in Asche gelegt.

Wenig später wurde ein anderer Streit mit weniger kriegerischen Mitteln geschlichtet. Die sogenannte Marcellusflut von 1219 hatte die Deiche im Fivelgoerland zerstört und in Folge dessen waren viele Einwohner ausgewandert, so dass die Wiederherstellung des Deiches in einem Teil der Gegend fast allein dem Kloster Wittewerum aufgebürdet worden war. So forderten es zumindest sechs Ortschaften aus der Gegend. Die Mönche des Klosters sahen sich dazu allerdings nicht in der Lage. Wütend verwehrten daraufhin die sechs Ortschaften den Mönchen die Benutzung sämtlicher Wege und Stege des betroffenen Gebietes. In der Angelegenheit kam es zu keinen Entscheidungen, der Deich blieb zerstört, so dass das Wasser bei Flut die Ländereien weiterhin überspülte. Die Richter vor Ort wagten nicht ihr Urteil zu vollstrecken, und die Bevollmächtigten der sechs Ortschaften wandten sich an die Upstalsboom-Versammlung. Dort entschieden die Geschworenen, dass unter den gegebenen Umständen und zum Wohle der Allgemeinheit nicht dem Kloster allein die Last der Instandsetzung der Deiche aufgebürdet werden konnte, sondern die bedrohten sechs Ortschaften selber mit Hand anlegen mussten. Als diese sich weigerten, wurde ihnen Zwang angedroht. Daraufhin fügten sie sich in ihr Schicksal und arbeiteten mit den Mönchen zusammen an der Wiederherstellung ihres Deiches.

Das Kloster Wittewerum erfuhr einige Zeit später in einer anderen Sache ein günstiges Urteil durch die Richter vom Upstalsboom. Ein Streit des Abtes Emo mit dem Probst Herderich von Schildwolde, der von dem Bischof Dietrich von Münster unterstützt wurde, kam auf der Upstalsboom-Versammlung zur Entscheidung. Die Richter des Upstalsboom-Bundes zwangen die Abgeordneten des Bischofs und den Probst Herderich zu einem Vergleich mit Emo. Aber bald entbrannte zwischen den beiden Geistlichen aufs Neue eine blutige Fehde unter Teilnahme der Bevölkerung. Diese konnte erst durch das Engagement des Kölnischen Erzbischofs beendet werden. Das Beispiel macht deutlich, dass einerseits die Richter des Upstalsboom durchaus in kirchlichen Angelegenheiten aktiv wurden und Entscheidungen fällten, dass aber andererseits ihre Macht zur Dämpfung weiter greifender Feindseligkeiten nicht immer ausreichte.

Als sich die Dörfer Uthusen im Fivelgoerland und Erneren im Hunsingo (westliche Landesgemeinde bzw. Nachbarregion vom Fivelgo) um eine kleine Insel, die sich vor ihrer Feldmark als Anwuchs gebildet hatte, zankten, kam die Sache 1231 vor die Upstalsboom-Versammlung. Die Geschworenen entschieden zu Gunsten der Uthuser, aber die Ernerer wollten sich dem Urteilsspruch nicht fügen. Deshalb wurde das Fivelgoerland aufgeboten, um die Bewohner zum Gehorsam zu zwingen. In der Situation sah die Bevölkerung von ganz Hunsingo die Sache des Dorfes Erneren als gemeinschaftliche Angelegenheit an und leistete Erneren Hilfe. Auch die Groninger leisteten den Hunsingoern Unterstützung. Die Feindseligkeiten dauerten mit Unterbrechungen zwanzig Jahre, bis sich die Landesgemeinden nach viel Blutvergießen aussöhnten. Auch in diesem Fall war der Macht des Upstalsboom-Bundes Grenzen gesetzt.

Feindseligkeiten zwischen verschiedenen Dorfschaften und Landesgemeinden gab es aber auch in Landschaften östlich der Ems, ohne dass man in den Quellen etwas über das Wirken der Upstalsboom-Richter erfährt. Die Norder lagen um 1222 mit den Bewohnern von Uttum, Upgant, den Harlingern und Brookmern in blutiger Fehde, in welcher von beiden Seiten Hunderte Menschen ihr Leben verloren. Im Jahre 1234 wurde durch die Vermittlung einiger Pröpste und Richter ein Friede geschlossen, nach dem die Norder ihren Feinden 1.000 Goldmark und 5.000 Silbermark in Emder Währung bezahlen mussten. Inwieweit in dieser Angelegenheit die Upstalsboom-Richter aktiv geworden sind, ist aus den Quellen nicht zu ersehen.

Das Kollegium der Geschworenen vom Upstalsboom hatte selbst eigentlich keine Machtmittel, um seine Beschlüsse durchzusetzen. Es war auf die Willfährigkeit der Landesgemeinden angewiesen. Die ersten Versammlungen am Upstalsboom sind im zweiten Jahrzehnt des 13. Jahrhunderts nach den vorliegenden Quellen durchgeführt worden. Es darf aber davon ausgegangen werden, dass es schon im 12. Jahrhundert solche allgemeinen Beratungen gab, weil die Friesen „nach uralter Sitte", wie es in den Quellen heißt, Zusammenkunft hielten. Diese Annahme wird durch eine Quelle aus dem Jeverschen gestützt, die besagt, dass um 1150 die Wangerländer gegen die Oestringer, mit denen sie in Fehde lagen, ihre Klage beim „ganzen Friesland" vorbrachten. Es ist aber nicht überliefert, ob dies am Upstalsboom geschah.

In den alten Quellen hören wir nach 1231 fast hundert Jahre lang nichts mehr über die Institution. Wie an den genannten Beispielen zu ersehen ist, waren die Upstalsboom-Versammlungen schon damals recht macht- und kraftlos, und es ist zweifelhaft, ob die regelmäßigen Versammlungen während der Zeit nach 1231 immer stattgefunden haben.

Erst aus dem Jahre 1323 gibt es wieder eine sichere Kunde einer solchen Zusammenkunft, die hervorgerufen wurde durch die Bedrängnis durch außerfriesische Mächte, die in den „Sieben Seelanden" an Einfluss gewinnen und sich Machtvorteile sichern wollten. Diese unablässigen Gefahren hauptsächlich von Südwesten her, zu denen für die Ostfriesen noch die Furcht vor den Bischöfen von Bremen und Münster und dem Grafen von Oldenburg hinzukam, ließen im Jahre 1323 den Gedanken der alten Einigung und engeren Verbindung aufs Neue erwachen. Die Friesen versammelten sich noch einmal am Upstalsboom. Jedoch war nicht der gewöhnliche Dienstag in der Pfingstwoche der Tag dieser Zusammenkunft, sondern der St. Lambertustag (17. September). Von den Bewohnern der Landesgemeinden Ostergo und Westergo (Westfriesland) ging die Berufung aus.

Erhalten geblieben sind die Beschlüsse dieses außerordentlichen Landtages. Gleich das Vorwort der Abmachungen macht den Zweck der Versammlung deutlich. Es heißt dort: „Wenn irgend ein geistlicher oder weltlicher Fürst, welchen Namen und welche Würde er auch haben möge, uns Friesen oder einige von uns angreift, um uns unter das Joch seiner Herrschaft zu bringen: so wollen wir in gesamter Macht mit bewaffneter Hand unsere Freiheit uns gegenseitig sichern und schützen."

Es finden sich trotz dieser abermaligen Übereinkunft und Erneuerung des alten Bundes von einer tatsächlichen Hilfeleistung der nicht unmittelbar bedrohten Seelande an die etwa angegriffenen wenige Spuren. Es blieb vielmehr jeder einzelnen Region selbst überlassen, wie sie sich ihrer Feinde erwehren wollte. Wichtiger könnte es erscheinen, dass die Abmachungen dieses Landtages die Erhöhung des richterlichen Ansehens zur Folge hatten.

Durch diese außerordentliche Versammlung waren jedoch die Upstalsboomschen Landtage wieder ins Leben gerufen worden. Im folgenden Jahr 1324 versammelten sich die Abgeordneten zur traditionell festgelegten Zeit, am Dienstag in der Pfingstwoche. Das Ergebnis dieser Versammlung war von großer Bedeutung. Ein Friese namens Broder aus Rüstringen war von Bürgern aus Bremen erschlagen worden und daraufhin hatte eine heftige Fehde das Land in Unfrieden gesetzt. So erschienen auf dem Upstalsboom-Landtag zur Ausgleichung der Feindseligkeiten die Bürgermeister von Bremen, um gemeinsam mit den friesischen Abgeordneten die Streitsache zu erörtern. Die Aussöhnung gelang. Gegen den etwaigen Friedensbrecher von dieser oder jener Seite versprachen die Abgeordneten die ganze Macht des friesischen Landes aufzubieten.

Nach 1327 hören wir nichts mehr über die Landtage am Upstalsboom. Die Zeit der Upstalsboom-Richter scheint vorbei gewesen zu sein. Die Macht der dortigen Geschworenen ging wahrscheinlich immer mehr auf die Häuptlinge über, die sich durchsetzten und quasi einen neuen Abschnitt der ostfriesischen Regionalgeschichte eröffneten. Aber mehr als anderthalb Jahrhunderte regelten die Friesen am Upstalsboom ihre öffentlichen Angelegenheiten. Diese Ansätze bzw. genossenschaftlichen Ursprünge nahmen allerdings nicht die Form einer festgefügten staatlichen Organisation republikanischer Art an, wie es z. B. später in der Schweiz geschehen ist.

Die Schlacht auf den „wilden Äckern"

„Und da Okko den Kampf nicht ablehnte und auch nicht langsamer einherzog, so gerieten sie feindselig mit Kampfesbegierde auf dem offenen Gelände aneinander. Beide Heere waren zum Kampf sehr bereit. Nachdem man den Zwischenraum überwunden hatte und sich schon sehr nahe war, stießen sie in einem scharfen Angriff wie Wirbelwinde aufeinander." So beschrieb der große Historiker Ubbo Emmius den Beginn einer der blutigsten Schlachten in der Geschichte des östlichen Frieslandes. Es war die Schlacht auf den wilden Äckern zwischen den Ortschaften Marienhafe/Upgant-Schott und Oldeborg/Engerhafe in der heutigen Gemeinde Brookmerland am 28. Oktober 1427. Wie war es dazu gekommen?

Nach 1400 setzten sich in friesischen Gemeinden bestimmte Personen als führende Persönlichkeiten und eigenmächtige Kräfte durch. Es waren die sog. Häuptlinge, lateinisch die „capitales" oder niederdeutsch die „hovetlinge". Ihre Konstituierung bedeutete, dass die alten Landesgemeinden langsam abgelöst wurden von eigenständigen Häuptlingsherrlichkeiten. Die Häuptlinge bauten sich in der Regel eine feste Burg in Form eines Steinhauses und unterhielten militärisch sogar ein Gefolge von Reitern und Knechten. Die meistens kleinen Gefolgschaften der Häuptlinge wurden gewöhnlich gebildet von den besitzlosen Personen aus der Unterschicht, die durch ihren Kriegsdienst ein Auskommen fanden. Die Häuptlinge übernahmen mit der Zeit auch die Rechtsprechung und Friedenswahrung, die ihnen bald sogar erblich überlassen oder offiziell übertragen wurde.

So kam die im damaligen Brokmerland und Auricherland ansässige und mächtig gewordene Häuptlingsfamilie tom Brok zu immer mehr Ansehen, und sie begann zielstrebig ihre Stellung als Führungsfamilie auf das ganze Ostfriesland auszudehnen. Die Häuptlingsfamilie tom Brok entstammte der Oberschicht des Norderlandes und hatte offenbar mit Zustimmung der Landesgemeinden eine unbegrenzte regionale Herrschaft über das Brokmer- und das Auricherland erreicht. Es gelang dem durch Königin Johanna I. von Neapel zum Ritter geschlagenen Ocko tom Brok schließlich, die gesamte Region Ostfriesland unter seine Herrschaft zu bekommen. Diese Familie vertrieb 1413 sogar den einflussreichen Häuptling Abdena aus Emden und besetzte die Stadt. Fast alle anderen Häuptlingsfamilien der Region waren in diese Auseinandersetzungen irgendwie einbezogen. Zahlreiche Häuptlinge folgten den tom Brok, wenn es für ihre Stellung günstig war. Andere mehr unterdrückte oder auch vertriebene Häuptlinge unternahmen zunächst nichts, sondern warteten auf eine günstige Gelegenheit, um in ihre alten Positionen zurückkehren zu können. Sie besannen sich zudem auf das alte friesische und freiheitsbezogene Selbstverständnis, und es formierte sich hier und da in den früheren freien friesischen Landesgemeinden eine wachsende Opposition gegen die Machtbestrebungen der Häuptlinge tom Brok. 1417 starb Keno tom Brok. Sein Sohn und Nachfolger Ocko, der den Namen des Großvaters erhalten hatte, war noch unmündig und einer seiner Vormünder wurde Focko Ukena aus Leer, der sich bei Keno als Truppenführer ausgezeichnet hatte. Dann kündigte Ukena, bisher der mächtigste Getreue der tom Brok, ihnen die Treue und seinen Dienst. Anscheinend war auch Focko neben den durch ihre Abhängigkeit unzufriedenen Häuptlingen die alte friesische Freiheitstradition wieder bewusst geworden. Immer mehr der alten Häuptlingsfamilien distanzierten sich von den tom Brok. Die Macht dieser Sippe machte auch Focko Ukena so misstrauisch, dass er irgendwann bereit war, gegen die Familie aktiv vorzugehen. Viele Häuptlinge folgten ihm in der Hoffnung, ihre Selbständigkeit und alten Rechte bald wiederzuerhalten. Focko avancierte zum Anführer der Gegner von Ocko tom Brok. Die Ablehnung der tom Brok erreichte einen Höhepunkt, als die Macht und das Selbstverständnis des jungen Ocko dazu führten, dass er sich stolz Häuptling von Ostfriesland nannte. Es begannen zunächst Verhandlungen zur Klärung der Machtverhältnisse, die allerdings erfolglos blieben. Focko sammelte immer mehr Verbündete um sich. Sogar der Bischof von Münster gehörte dazu. Man war bereit, mit Waffengewalt gegen Ocko vorzugehen.

Um das Jahr 1424 wurde der Konkurrenzkampf offen ausgetragen. Am 24. September 1426 schlug Ukena zunächst bei Detern ein von Ocko herbeigerufenes Heer des Regenten von Oldenburg, Bremen, Hoya und Diepholz. Focko erwies sich dabei als großer Feldherr und bereitete den mit Ocko verbündeten Truppen eine empfindliche Niederlage. Ocko vernahm die Nachricht von der Niederlage mit großem Schrecken.

Focko wusste, dass Ocko zu der Zeit nicht genügend Hilfstruppen ausgerüstet hatte. Er benutzte die günstige Gelegenheit und berief schnell und heimlich einige Abteilungen aus dem münsterschen Gebiet zu sich. Diese hatte er für Sold angeworben. Danach forderte er alle seine Bundesgenossen auf, sich in aller Stille zu rüsten und an einem festgelegten Tag zum Ende des Oktobers mit allen ihren Truppen im Auricherland zur Stelle zu sein. Focko selbst zog mit einer schlagbereiten Schar nach Aurich, um den wahrscheinlich unvorbereiteten Feind zu überwältigen. Dort kam es aber nicht zu Kampfhandlungen und Focko wandte sich dem Brokmerland zu. Unterwegs vereinigte er sein Heer mit den Truppen seines Schwiegersohnes Sibet, einer Kerntruppe seines Sohnes Udo aus der Norder Jungmannschaft, den Kämpfern Imelos von Osterhusen und den übrigen Bundesgenossen aus dem Emsigerland. Alle zogen dann in einem Heereszug nach Oldeborg, der Hauptburg Ockos. Diesen trafen sie nicht an. Er hatte aber die Burg gut gesichert, so dass sie jeden plötzlichen Angriff problemlos aushalten konnte.

Ocko selbst aber wich nach Marienhafe aus, das hervorragend befestigt worden war. Dorthin ließ er auch alle seine Leute bewaffnet kommen, weil der Ort für eine schnelle Rüstung gut geeignet war und günstig lag, um Hilfstruppen von der See her aufzunehmen.

Als alle in Marienhafe zusammengekommen waren, erhielt man die Nachricht, dass der Feind auf dem Weg nach Marienhafe war. Bald konnte man von der Spitze des Kirchturms schon in der Ferne die Feldzeichen sehen. Fast allen schien es günstig zu sein, dem Feind entgegen zu gehen, weil Fockos Männer von ihrem langen Marsch wahrscheinlich müde sein würden. Es gab kein Zögern mehr. Ocko machte seinen Männern Mut und forderte sie zur Tapferkeit auf. Durch eine einzige Schlacht könne ihr ganzes Schicksal gesichert sein. Bald darauf ließ er die Trompetensignale ertönen und alle in geordneten Reihen auf dem Weg Richtung Oldeborg vorrücken. Der Weg führte durch ein weites, offenes Gelände, auch „wilde Äcker" genannt. Die Bezeichnung bezieht sich auf die dortigen Landflächen, die nach dem Abbau des ursprünglich vorhandenen Torfmoores anfänglich ungenutzt und somit „wild" liegen blieben.

Allmählich entfaltete sich Fockos großes Heer vor den Augen der Truppen des Häuptlings tom Brok. Dass Ocko ihm im offenen Gelände zuversichtlich entgegenzog, verunsicherte Focko zunächst. Trotzdem legte er bald im Vertrauen auf seine Truppen diese Gegebenheiten als Glücksfall aus, weil ihm die Möglichkeit gegeben wurde, auf einem sehr geeigneten Gelände, welches ihm durch einen Hinterhalt keinen Schaden verursachen konnte, mit allen seinen kampferprobten Männern gegen Ocko zu kämpfen. Focko stellte rasch das Heer zur Schlacht auf.

Er feuerte seine Truppen zur Tapferkeit an. Es werde die letzte Schlacht gegen den machthungrigen tom Brok sein. Wenn sie in dieser Schlacht aus Feigheit unterlägen, dann würden auch alle früheren Erfolge ihnen gleichzeitig verloren gehen. Falls sie siegen würden, dann könnten sie bald und in Sicherheit die Früchte aller Mühen ernten.

Der Heereszug rückte vor und ging recht eifrig und entschlossen gegen den Feind vor. Ubbo Emmius berichtet, dass viele Jahrhunderte einen ähnlichen Kampf in dieser Gegend nicht gesehen hatten, da beide Parteien im Kampf Mann gegen Mann sich erregt Stiche und Hiebe beibrachten und mit Schwert, Lanze und Streitaxt sowie unglaublicher Hartnäckigkeit durch gegenseitiges Morden den Sieg erringen wollten. Die Tapferkeit der Brokmerländer und ihrer Kampfgenossen war groß, und sie versuchten das, was ihnen an Kräften und Zahl fehlte, durch ihre Kühnheit wettzumachen. Jedoch die Stärke auf Fockos Seite, die militärische Disziplin und der Eifer seiner Anführer überwogen letztendlich. Als nach langem Kampf die Männer Ockos erkannten, dass sehr viele ihrer Waffenbrüder erschlagen oder durch Verwundungen geschwächt waren, begannen sie schließlich zurückzuweichen und die Flucht zu ergreifen. Die Sieger verfolgten die Fliehenden und hieben auf ihre Körper ein.

Das Blutbad war nicht eher zu Ende bis alle Überlebenden sich den Siegern ergeben hatten. Unter diesen war auch Ocko, der gefangen genommen und vor Focko geführt wurde. Focko behandelte ihn mit großem Respekt. Dann wurde das Ausmaß der Schlacht den Lebenden offensichtlich. Alle starrten auf das beklagenswerte Bild. Auf den „wilden Äckern" lagen die vielen Leichen, durch Wunden schrecklich verstümmelt. Die Äcker waren über eine große Fläche mit dem Blut vieler Menschen besudelt. Überall lagen Schwerter, Lanzen und die anderen Waffen verstreut.

Der Grimersumer Chronist Eggerik Beninga nannte später die Zahl von 4.000 Toten. Emmius, Wiarda und Klopp übernahmen diese Zahl; sie scheint aber zu hoch gegriffen zu sein. Vielmehr sollen insgesamt etwa 4.000 Männer an der Schlacht beteiligt gewesen sein. Ein Norder Dominikaner sprach von 700 Toten auf Ockos Seite und eine westfriesische Chronik von 400; diese beiden Zahlen dürften der Wahrheit näher kommen.

Focko verblieb mit einem Standlager nach militärischer Art drei Tage auf dem Schlachtfeld, die Toten wurden ordnungsgemäß beerdigt. Danach griff Focko die benachbarte Burg Oldeborg an. Weil er Ocko in seiner Gewalt hatte, konnte er die Burg mit wenig Kraftaufwand einnehmen und sie anschließend zerstören. Ocko und sein Halbbruder Itze blieben gefangen und wurden nach Leer gebracht. Anschließend eilte Ukena mit seinem Heer nach Aurich zurück. Als die Besatzungen dort von der Gefangennahme Ockos hörten, konnte Focko auch diese Burg ohne Verzögerungen in seine Gewalt bringen und sie mit einer Besatzung aus seinen eigenen Leuten sichern. Danach stellte er die Brokmerländer und Auricher unter seinen Schutz und nahm für sich den Titel des obersten Herrn von Brokmerland an. Des Weiteren ordnete er die übrigen Verhältnisse so, wie es der damaligen Zeit entsprach.

Focko Ukena teilte die ganze Beute gleichmäßig und je nach den Verdiensten und der Macht der beteiligten Bundesgenossen auf. Damit endete die Herrschaft der tom Brok über weite Teile Ostfrieslands. Ocko konnte später aus der Haft fliehen. Er verstarb 1453.

Obwohl die tom Brok gestürzt waren, war der Weg zu einer Einheit Ostfrieslands unter einer Herrschaft nicht aufzuhalten. Focko Ukena konnte seine Herrschaft nicht langfristig sichern. Die freiheitsbewussten Bauern, die sich durch die Niederlage Ockos ihre alte Freiheit erhofft hatten, wandten sich von Ukena ab und der Häuptlingsfamilie Cirksena aus Greetsiel zu. Die Cirksena führten die Opposition in einem Freiheitsbund an. Nach mehreren militärischen Niederlagen der Verbündeten Ukenas und dem Fall seiner Burg in der Stadt Leer im Jahre 1431 floh der Bezwinger der tom Brok nach Münster. Er starb 1436 außerhalb Ostfrieslands in den Groninger Ommelanden. 17 Jahre später übernahmen die Cirksena die Macht und Herrschaft über Ostfriesland. Häuptling Ulrich Cirksena gelang es durch weitreichende Interventionen auf politischer Ebene, von Kaiser Friedrich III. in den Reichsgrafenstand erhoben und mit Ostfriesland als Grafschaft belehnt zu werden. Die Cirksena blieben als Grafen und ab 1654 als Reichsfürsten bis 1744 Herrscher von Ostfriesland.

Kloster Appingen

In der Zeit vor der christlichen Zeitrechnung und lange vor der Gründung des Klosters Appingen in der Krummhörn war das dortige Terrain immer wieder den Schwankungen des Meeres und den Vorstößen der Nordsee ausgesetzt. Oft wurden die Landflächen überflutet und eine richtige Besiedlung war gar nicht möglich. Die Menschen der Küste mieden diese Gebiete. Erst um Christi Geburt siedelten sie sich auf höher gelegenen und aufgeschlickten Uferwällen an. In den ersten Jahrhunderten nach Christi Geburt kam es aber wieder verstärkt zu Sturmfluten und die Krummhörn geriet weitgehend unter Meeresüberflutungen. Zahlreiche Siedlungen, die um Christi Geburt entstanden waren, mussten wieder aufgegeben werden, andere Gebiete konnten von Menschen bewohnt bleiben, die sich daran machten, Erdhügel (Warfen oder Wurten genannt) aufzuschichten, worauf sie ihre Häuser bauten. Am Ende der Völkerwanderungszeit war die Besiedlung insgesamt sehr dünn, nahm aber nach dem 7. Jahrhundert wieder zu. Krummhörner Orte wie Eilsum, Pilsum und Hamswehrum sind wahrscheinlich schon in der Epoche der ersten Besiedlung in dortiger Gegend entstanden, später in der sogenannten Wurtenzeit kamen Ortschaften wie Upleward, Visquard und Woquard hinzu. Das Gebiet bei Appingen scheint erst danach besiedelt worden zu sein. Richtig voran ging es, als um 1000 nach Christi die ersten Deiche entstanden und geschlossene Deichlinien eine Besiedlung in der Feldmark ermöglichten. Einzelne Höfe wurden dort gebaut, die man zum Teil noch auf niedrigen Warfen errichtete. Natürlich wüteten auch in der darauffolgenden Zeit Sturmfluten, so dass in Folge dieser Katastrophen Bauernplätze wieder aufgegeben wurden. In der Gegend bei Appingen finden sich noch einige Warfen, die uns heute anzeigen, dass es dort einmal Wohnplätze gab.

In der zweiten Hälfte des 8. Jahrhunderts beauftragte die karolingische Herrschaft den Priester und Missionar Liudger mit der Missionierung der friesischen Territorien beiderseits der Unterems. Das Gebiet der Krummhörn gehörte zum Bistum Münster. In Ostfriesland begann bald eine starke Ausbreitung von Pfarreien, so dass im Mittelalter in der Region ca. 160 Pfarrkirchen existierten, wenn man die im Dollart untergegangenen Kirchen nicht mitzählt. Das Bistum Münster hatte das Territorium in vier Propsteien eingeteilt, die die Verwaltung der Kirchen übernahmen. Appingen mit Visquard war der Propstei Uttum unterstellt, wie auch die Kirchspiele Greetsiel, Pilsum, Jennelt, Eilsum, Wirdum, Grimersum, Canhusen und Cirkwehrum. Jede Propstei hatte einen Propst als Verwaltungsspitze. Man kann davon ausgehen, dass es sich bei Appingen um einen sehr kleinen Ort handelte, bestehend aus einer größeren Warf und einigen kleineren Warfen. Das lässt darauf schließen, dass Appingen damals aber durchaus einen dörflichen Charakter hatte.

Nach 1300 gelang es der Familie Cirksena durch günstige Eheschließungen im Gebiet von Appingen Einfluss und Besitz zu gewinnen.

50 Jahre später war die Verlandung im Norden von Appingen so weit fortgeschritten, dass ein Polder mit einem Siel entstand und dadurch Neuland gewonnen wurde. Alte Dörfer hatten jetzt keine direkte Verbindung mehr zum Meer. Neue Ortschaften bzw. Sielorte entstanden auf dem Neuland an der Küste. Die Cirksena engagierten sich in dem Zusammenhang am Ausbau des Sielhafens Greetsiel und nahmen diesen Ort in ihren Besitz. Bald siedelten sie sich dort auch an und forderten von Kaufleuten, die den Hafen anliefen, Zoll. Die Cirksena wurden Häuptlinge von Greetsiel und ließen nach 1380 eine neue Pfarrkirche in der Siedlung bauen. Die Häuptlingsfamilie zog daraufhin die Kirche von Appingen ein, die dann zur Kapelle abgestuft wurde. Trotzdem durften dort weiterhin Begräbnisse stattfinden. Als kurz nach 1900 Erdarbeiten am Hofgebäude der Domäne Appingen durchgeführt wurden, entdeckte man

zahlreiche Gräber, die nach ihrer Lage darauf schließen lassen, dass der Friedhof auf dem in südlicher Richtung liegenden Abhang der Warf gelegen hat.

Über die neue Kirche in Greetsiel waren die Cirksena nun Kirchenherrn mit allen Rechten und Pflichten des Patronats. Weil damals der Häuptlingssitz der Cirksena von Appingen nach Greetsiel verlegt wurde, folgten wahrscheinlich auch viele Menschen, die ursprünglich in Appingen gelebt hatten, ihrem Häuptling in den neuen, aufstrebenden Sielort. Mit dem Hafen versprach diese Siedlung bessere Lebensmöglichkeiten für Kaufleute, Schiffer und Bauern. Die Bewohner waren verpflichtet, für den Häuptling Dienste zu verrichten, entweder in Form körperlicher Arbeiten für die Allgemeinheit oder als Dienstpflichtige mit ihrem Gespann und den Zugtieren. Der Häuptling fungierte dagegen als Schutzherr für die Einwohner des Ortes.

Im Mittelalter kam es in Ostfriesland zu zahlreichen Klostergründungen. Wahrscheinlich hat es im Deutschen Reich in dieser Epoche nirgendwo so eine Dichte von Klöstern gegeben wie in Ostfriesland. Ihre Bedeutung als wirtschaftliche Einrichtungen war groß, weil sie als bäuerliche Eigenwirtschaften in der von der Landwirtschaft geprägten Region großen Einfluss in politischer und gesellschaftlicher Hinsicht hatten. Von den 28 Klöstern dieses Gebietes gab es acht in der Krummhörn. Zunächst wurden hier das Kloster Aland und das Kloster Langen bei Emden gegründet, deren Namen 1255 zum ersten Mal erwähnt werden. Weitere Klöster standen in Abbingwehr, Dykhusen, Heiselhusen, Sielmönken und Faldern.

Das Kloster Appingen war das letzte Kloster, das in der Krummhörn im Jahre 1436 gegründet wurde. In dieser Ordensgemeinschaft lebten Karmeliter-Mönche.

Karmeliter werden die Mönche des „Ordens der Brüder der allerseligsten Jungfrau Maria vom Berge Karmel" genannt. Der Orden wurde um ca. 1150 am Karmelgebirge in Palästina gegründet. Traditionell waren die Glaubensbrüder der Idee des Eremitentums verbunden und die ersten Mönche lebten noch ohne Ordensregeln in asketischer Weise zusammen. Kreuzfahrer und Pilger waren wahrscheinlich die Gründer im Heiligen Land, die sich den Propheten Elija zum Vorbild nahmen. Nach 1200 bekamen sie von dem Patriarchen in Jerusalem eine Ordensregel, die von den Brüdern ein sehr zurückgezogenes Dasein verlangte, geprägt von der inneren, stillen Auseinandersetzung mit dem Glauben und demütigem Arbeiten. Als die Muslime im 13. Jahrhundert immer weiter in Palästina vorrückten, wanderten die Karmeliter nach Europa aus und verbreiteten sich im 14. Jahrhundert auf dem gesamten Kontinent.

Alle Klostergründungen in Ostfriesland hatten einen beachtlichen Landesausbau zu Folge, denn die meisten Klöster entstanden in von Ortschaften weit entfernten und eher unerschlossenen Gebieten der Region. So kam es verstärkt zum Ausbau von Wegen, denn die Ordensniederlassungen mussten mit den umliegenden Dörfern und den Bauernhöfen, die als Vorwerke zu den landwirtschaftlichen Gütern eines Klosters gehörten, in Verbindung treten können. Auch innerhalb der Klosterländereien sorgten die Ordensbrüder für die Entwässerung der Flächen, für eine Urbarmachung von Un- und Ödland und für Aufforstungen. Mit den Maßnahmen waren eine allgemeine Steigerung der Landeskultur und ein Fortschritt in allgemeinwirtschaftlicher Hinsicht verbunden.

Nicht nur Mönche und Nonnen beteten und arbeiteten („ora et labora") in den Klöstern, sondern auch Landwirte, Handwerker und Arbeiter gehörten zu den Klosterwirtschaften und waren im Bereich der landwirtschaftlichen Betriebe und Flächen tätig. Man kann davon ausgehen, dass etwas mehr als 30 % des gesamten ostfriesischen Kulturlandes in der Hand der Kirchen und Ordensgemeinschaften waren. Dazu gehörten auch die vielen Landflächen, die von geistlicher Hand verpachtet worden waren. Woher kam nun dieser umfangreiche Besitz? Viele Besitztümer waren durch Schenkungen zustande gekommen, wenn fromme Stifter und ihre Nächsten um ihr Seelenheil fürchteten und sich wohlwollende Gebete der Mönche und Nonnen als Dank für die Wohltaten erbaten. Ein weiterer Grund für die Schenkungen war die Zusicherung der Orden, die unverheirateten Töchter der reichen Stifter später aufzunehmen und gut zu versorgen.

Die Klöster waren auf vielen Arbeitsfeldern aktiv und konnten sich mit ihren Tätigkeiten in der Region positiv hervortun, in dem sie sich etwa in der Seelsorge sowie in der Betreuung von Armen und Kranken engagierten. Auf der anderen Seite erwarben die Orden sich große Verdienste im Deich- und Sielwesen, weil sie am Bau dieser Einrichtungen maßgeblich beteiligt waren.

Enno Cirksena, der Stifter des Klosters Appingen, war der Vater von Ulrich Cirksena, der 1464 erster Reichsgraf von Ostfriesland wurde. Das Konventssiegel von Appingen und der dortigen Kirche zeigt die Jungfrau Maria, die Patronin des Ordens war, und im Wappenschild das Hauswappen der Cirksena, den Jungfrauenadler. Das lässt erkennen, wie eng die Verbindung zwischen der ursprünglichen Kirche, dem späteren Kloster und der Häuptlingsfamilie gewesen sein muss. Die Basis des in Appingen gegründeten Klosters war die Kapelle, die dort nach dem Bau der Kirche in Greetsiel noch existierte, und natürlich in wirtschaftlicher Beziehung die Landflächen der Cirksena. Man kann davon ausgehen, dass nach der Gründungsphase im Kloster etwa 20 Ordensbrüder der Karmeliten gelebt haben.

Neben der Arbeit auf dem Bauernland gab es sehr wahrscheinlich auch eine Mühle und eine Ziegelei, die die Mönche bewirtschafteten. Als das Kloster gegründet wurde, hatten die Cirksena dem Orden gestattet, eine Mühle zu errichten, deren Erträge das Kloster erhalten sollte. Die Häuptlingsfamilie aus Greetsiel ließ sich aber zusichern, dass sie die Mühle unentgeltlich für ihre Zwecke nutzen durfte. Alte Unterlagen deuten darauf hin, dass zeitgleich die Ziegelei existierte.

Für das Kloster Appingen liegen Quellen vor, aus denen u. a. die Namen der Prioren, der Leiter der Orden, hervorgehen. Bedeutende Prioren waren Heidenricus Mynenbodt und Johannes Kruse. Mynenbodt, der ab 1438 insgesamt 40 Jahre für das Kloster tätig war, hatte enge Verbindungen zu den Cirksena und war für das Familienkloster der Häuptlinge zuständig. Darüber hinaus hatte er wahrscheinlich in geistlicher Hinsicht einen starken Einfluss auf die Bevölkerung des umliegenden Gebietes. Kruse war zwischen 1500 und 1523 viermal Leiter der Appinger Karmeliter. Zwischenzeitlich kümmerte er sich auch im Auftrag Edzards des Großen um eine Klostergründung außerhalb Ostfrieslands.

Etwa 80 Jahre nach Gründung des Klosters zeichneten sich dramatische Veränderungen ab. Die Reformation setzte sich nach 1520 in Ostfriesland durch. Graf Edzard der Große und die meisten der Ostfriesen fanden Gefallen an der Gedankenwelt der Reformatoren. Unter der Regentschaft von Graf Enno II. zeigte sich, dass es zu großen Umwälzungen kommen würde. Die katholische Kirche verlor ihren Einfluss, existierte aber weiterhin in der Region im relativ friedlichen Miteinander mit den evangelischen Christen. Die Zeit der meisten katholischen Klöster in Ostfriesland endete allerdings in kurzer Zeit. Viele Mönche schlossen sich der neuen Lehre an und verließen die Orden. Enno II. machte sich daran, mehrere Klöster mit den Ordensgütern aufzulösen bzw. einzuziehen. Ob es zu Verhandlungen mit den Klosteroberen in Appingen gekommen ist und Entschädigungszahlungen an die Ordensmänner gezahlt wurden, ist nicht klar. Aus anderen Klöstern ist bekannt, dass dies durchaus geschehen ist und dass Mönche auch evangelische Pfarrstellen erhielten. Die Leitung des Ordens in Appingen wurde 1526 zum letzten Mal vergeben an Helenus von Emden.

Die Menschen begrüßten die Auflösung der Klöster nicht immer, hatten sich die Ordensgemeinschaften doch generell stark engagiert in der Versorgung der Armen und der Pflege von Kranken.

Die Klostergebäude und die Kirchen der Orden gibt es nicht mehr. Auch die schriftlichen Unterlagen und die Bibliotheken der Glaubensgemeinschaften wurden weitgehend im Rahmen der Auflösungen vernichtet oder gingen verloren. Es gibt wenige Ausnahmen und kaum Archivalien zur Geschichte der für die Region so bedeutenden Klöster.

Als Graf Enno II. nach 1528 mit Balthasar von Esens Krieg führte, setzte dieser Herr des Harlingerlandes das Kloster Appingen in Brand und beschädigte es sehr. Das Kloster Dykhusen bei Visquard, ein Orden von Dominikaner-Nonnen, wurde im Rahmen dieser Kämpfe völlig zerstört und Appingen wurde angewiesen, die Nonnen von Dykhusen aufzunehmen und unterzubringen. Wahrscheinlich hatten die Mönche das Kloster zu dem Zeitpunkt schon verlassen und nur ein einziger Ordensmann, ein gewisser Hermann zu Appingen, hielt sich dort noch auf, mit dem dann über die Unterbringung der Nonnen verhandelt wurde. 1541 traf er sogar Entscheidungen über die Besitzrechte der Nonnen.

Der Karmeliterorden und seine führenden Persönlichkeiten außerhalb Ostfrieslands waren mit den Entscheidungen der Cirksena, die zum Ende des Klosters Appingen führten, natürlich ganz und gar nicht einverstanden. Sie nahmen Kontakt mit dem Kaiser und auch mit dem Papst auf und erhofften sich Unterstützung, denn sie wollten das Kloster der Karmeliter nicht einfach so aufgeben. Alle Bemühungen scheiterten. Unter der Regentschaft von Gräfin Anna, der Witwe von Enno II., veranlasste nicht zuletzt der Emder Superintendent Johannes a Lasco, dass der Konvent der Nonnen in Appingen aufgegeben wurde. Der spätere Aufenthaltsort der Nonnen ist nicht bekannt. Man kann aber davon ausgehen, dass sie in anderen, noch bestehenden Ordensgemeinschaften aufgenommen wurden.

Danach gingen die Besitzrechte an dem Kloster mit den Landflächen wieder an den Landesherrn, das Grafenhaus Cirksena. Der Stifter erhielt also das im Jahre 1436 dem Orden übertragene Klosterterrain zurück. Es war naheliegend, dass das Grafenhaus sich dazu entschied, das Gebiet nunmehr zu verpachten. Aus den wenigen Quellen geht hervor, dass 1545 ein Pfarrer Memmo der Pächter des Klosters Appingen gewesen ist. Die Gräfin Anna erhielt zu der Zeit als Pacht im Jahr 80 Taler und 100 Rittergulden. Allerdings geht aus den Unterlagen nicht hervor, wie groß das Pachtland damals war. Im Jahre 1551 wird ein Drost namens Johann Barth als Pächter genannt, der der Grafenfamilie 288 ½ Emder Gulden zu zahlen hatte.

Es kann davon ausgegangen werden, dass auch in den folgenden 60 Jahren Pächter das Kloster Appingen bewirtschafteten. Quellen liegen zu der Zeitspanne allerdings nicht vor. Erst ab 1614 werden wieder Pächter in den Archivalien genannt. Diese sind bis weit in das 20. Jahrhundert Bewirtschafter des früheren Klosters gewesen.

Reformation

Was konnte ein Mensch um 1500 tun, damit seine Seele nach seinem Ableben von Gott erlöst wird? Diese Frage stellten sich die Menschen und sie hatten Sorge, möglichst ohne Sünden zu leben, um ins Paradies zu kommen. Sie waren auch bereit, Geld dafür zu bezahlen. Die Kirche kam auf die Idee, zu diesem Zweck Ablassbriefe zu verkaufen, die den Leuten zusicherten, dass sie nach der Beichte eine Vergebung der Sünden erlangt hatten. Die Ablassbriefe ersetzten bald eine ehrliche Reue und Buße. Der katholischen Kirche kam die Praxis der Ablassbriefe sehr gelegen, weil sie viel Geld vor allem für ihre Kirchenbauten benötigte. Ablassbriefe wurden zu einem Riesengeschäft und ab 1514 zogen im Auftrag des Papstes Mönche und Priester umher und machten den Menschen in ihren Predigten Angst vor drohenden göttlichen Strafen. Damit wollten sie die Gläubigen zum Kauf der Ablassbriefe verleiten.

Martin Luther, der 1483 in Eisleben geborene Mönch, fand dies empörend. Er war aufgrund seiner intensiven Bibelstudien zu der Erkenntnis gelangt, dass der Christ nur wegen seiner Gläubigkeit an die Barmherzigkeit und Gnade Gottes erlöst werden kann. Geldzahlungen und Ängste vor Strafen eines göttlichen Gerichts konnten ihn demnach nicht erretten. Für Luther zählte nur die Bibel und nicht das Gerede von Kirche und Papst. Die Ablasspraxis war für den jungen Theologen ein Missbrauch des Glaubens und der Gläubigen, die der Kirche vertrauten. 1517 veröffentlichte er seine 95 Thesen über die Missstände in der römisch-katholischen Kirche. Bald ließ er seine Thesen auf Flugblättern drucken, die sich schnell im ganzen Land verbreiteten.

Die reformatorischen Ideen hielten früh Einzug in Ostfriesland. Schon 1519 soll ein gewisser Hinrich Brun (sic!) die erste evangelische Predigt in der ostfriesischen Metropole Aurich gehalten haben.

Graf Edzard I. wirkte auf die reformatorische Entwicklung in seinem Herrschaftsgebiet kaum ein, er machte die anstehenden Veränderungen in kirchlichen Dingen nicht zu seiner bzw. zu einer landesherrlichen Angelegenheit. Die reformatorischen Neuerungen gingen von den einzelnen Gemeinden und deren religiösen Vertretern aus. Früh kam es zu Unterschieden hinsichtlich der evangelischen Ausrichtung in den Gemeinden, ohne dass die theologischen Differenzen zwischen Luther und Zwingli und später Calvin zu großen Problemen führten.

Um die Entwicklung der Reformation in Ostfriesland besser verstehen zu können, muss man sich die besondere Stellung der ostfriesischen Kirchengemeinde vor Augen führen, wie sie sich im Mittelalter entwickelt hatte und auch im Reformationsjahrhundert bestand. Die Kirchengemeinden Ostfrieslands übten von jeher eine Selbstverwaltung aus. Dieses sogenannte Kirchenpatronat gab es wohl nur in Ostfriesland. Es war eine Art Genossenschaftspatronat und bedeutete u. a., dass die männlichen Gemeindemitglieder, wenn sie denn berechtigte Landbesitzer waren, sich ihren Gemeindegeistlichen selbst wählen durften. Dieser wurde also von einer Gruppe wirtschaftlich und sozial starker Personen der Gemeinde bestimmt und nicht, wie in anderen Gebieten praktiziert, von einer Obrigkeit eingesetzt. Das patronatsrechtliche Vorgehen bei einer Priesterwahl hatte für die Reformation in Ostfriesland ganz eigene Folgen, der Landesherr konnte nicht kraft Amtes eine theologische Richtung bestimmen und durchsetzen. Die reformatorischen Anfänge gingen in Ostfriesland von einzelnen Predigern aus, die die Gemeinden für sich gewählt hatten und denen sie folgten. Dadurch wurden die einzelnen Gemeinden Ostfrieslands eine Art Hauptträger der Reformation.

Der an den Reformator Zwingli sich orientierende Magister Aportanus begann 1524 an der Großen Kirche in Emden zu predigen. Durch sein Engagement und das des Häuptlings Ulrich von Dornum kam es 1526 zum „Oldersumer Religionsgespräch", wobei diese Veranstaltung öffentlich war und es um die Auseinandersetzung der protestantischen Ideen mit der römisch-katholischen Kirche ging. Dadurch erhielt die Reformation in der Region einen weiteren Schub. Es zeigte sich, dass die evangelischen Überzeugungen in den Anfängen stark in die Richtung Zwinglis tendierten, weil nicht wenige Menschen in der Region Luthers Gedanken hinsichtlich seiner Kirchenlehre scharf kritisierten. Zwei Jahre später kam es zur Veröffentlichung des „Prädikantenbekenntnisses", in dem die Sakramente abgelehnt wurden, weil sie nicht gewährleisteten, dass sie dem Gläubigen das Heil vermittelten. Das ging klar gegen Luther und bewirkte, dass es zu Konflikten zwischen dem seit 1528 herrschenden Grafen Enno II., der aus politischen Gründen lutherische Positionen favorisierte, und den an Zwingli orientierten Kreisen kam.

In der gesamten Bevölkerung Ostfrieslands verbreitete sich reformatorisches Denken immer mehr. Aber es gab auch weiterhin Menschen, die am Katholizismus festhielten. Zwischen den verschiedenen Gruppen kam es kaum zu Auseinandersetzungen. Man ließ sich in Ruhe und die Ostfriesen erwiesen sich als tolerant gegen die Minderheit der Katholiken, was für andere Gebiete nicht selbstverständlich war, weil Anhänger des alten Glaubens dort verfolgt und bekämpft wurden.

Die Gebiete, die der zwinglischen bzw. calvinistischen Lehre anhingen und sich im Westen Ostfrieslands auf die Stadt Emden und die Marschgegend der Krummhörn konzentrierten, neigten in reformatorischen Dingen zu größerer Unabhängigkeit und Selbständigkeit als die lutherisch orientierten Gebiet, die vor allem auf der Geest und somit vermehrt in den östlichen Gebieten der Grafschaft zu finden waren. Die später evangelisch-reformierten Gemeinden waren „radikaler" als die bald entstehenden evangelisch-lutherischen Gemeinden. Die Reformierten warfen den Lutheranern vor, nicht konsequent genug zu sein in der Ablehnung der römischen Kirchen-, Staats- und Gesellschaftslehren. Ihnen ging die Reformation des Wittenbergers Luther nicht weit genug.

Seit dem Ende der 1520er Jahre hatte sich bereits eine täuferisch-freikirchliche Bewegung in Ostfriesland ausgebreitet, die später eine Gemeinde bildete, die unter dem Namen Mennoniten bis heute existiert. Der Name geht zurück auf den Theologen und Reformator Menno Simons. Die Mennoniten lehnten u. a. die Kindertaufe der lutherischen und calvinistischen Reformatoren ab.

Graf Enno II. starb 1540 und nach der Erbfolge hätte Johann, Ennos Bruder, sein Nachfolger werden müssen. Dieser war allerdings Anhänger des Katholizismus und daher in der Bevölkerung nicht als neuer Landesherr gewollt. Die ostfriesischen Stände huldigten deswegen im Jahre 1542 Ennos Witwe, Anna von Oldenburg. Gräfin Anna war eine entschiedene Protestantin, die mit Einwilligung der Stände vormundschaftlich für ihre Söhne die Regierung führte. Sie tendierte theologisch zu den in Zürich und Genf ausgebildeten Reformatoren und deren Kirchenlehre.

Noch 1542 berief sie den Polen Johannes a Lasco zum ersten Superintendenten von Ostfriesland. A Lasco war von der schweizerischen Reformationstheologie beeinflusst worden, in die Niederlande gegangen und dort ein Freund und Schüler des Erasmus von Rotterdam geworden. Erasmus hatte sich als Theologe und Gelehrter einen Namen gemacht. A Lasco sollte Superintendent für ganz Ostfriesland sein und die evangelische Kirche der Grafschaft möglichst einen. Er rief zwei Gremien ins Leben, den Coetus, die Predigersynode der ostfriesischen Prediger, und den Emder Kirchenrat, ein reformiertes Presbyterium. A Lasco wollte die Prediger zusammenbringen und er sah im Coetus eine Klammer, um die konfessionellen Gruppierungen zusammenzuhalten.

Aber was waren und sind bis heute die wesentlichen Unterschiede zwischen den sich im 16. Jahrhundert bildenden lutherischen und reformierten Konfessionen? Da gab es zunächst einmal Unterschiede im Ablauf des Gottesdienstes und in der Bedeutung der Predigt und der Gesänge. Beim Abendmahl war man unterschiedlicher Auffassung, in welcher Form Jesus „am Tisch des Herrn" präsent ist. Darüber hinaus unterschieden die Konfessionen sich in der Gestaltung ihrer Kirchenräume. Die Reformierten lehnten Bilder im Kirchenraum ab, auch Kreuze fanden sich in der Regel nicht. Die Reformierten verzichteten auch auf den Altar, der in lutherischen Kirchen üblich war. Darüber hinaus existierten Unterschiede in ethischen Fragen.

Bereits ab Mitte der 1540er Jahre hatten erste Religionsflüchtlinge und ihre Sympathisanten die Niederlande verlassen, als die spanisch-katholischen Könige Karl V. und Philipp II. die Reformierten gewaltsam unterdrückten. Einen wesentlichen Schub in ihrer Entwicklung erhielt vor allem die Stadt Emden durch die Freiheitskämpfe in den Niederlanden. Dadurch strömten zwischen 1570 und 1600 bis zu 6.000 reformierte niederländische Flüchtlinge nach Emden.

Um die Einheit der Lehre herzustellen, ging der Superintendent a Lasco durchaus so weit, dass er obrigkeitliche Gewalt in Anspruch nahm. Als Wilhelm Lemsius, ein entschieden lutherisch gesinnter Prediger in Norden, sich im Verbund mit Auricher Predigern weigerte, den Coetus in Emden zu besuchen, erbat er sich Hilfe von Gräfin Anna. Anna zögerte. Trotz ihrer zwinglischen Einstellung hatten die Lutheraner anscheinend doch einen großen Einfluss auf sie. Es kam zu Spannungen zwischen der Landesherrin und ihrem Superintendenten. Als a Lasco daraufhin sein Amt verärgert zwischenzeitlich niederlegte, wurde Anna tätig und Lemsius musste nun auf Anordnung der Gräfin den Coetus besuchen.

Für die Regierungszeit Annas ist das Stärkeverhältnis zwischen Reformierten und Lutheranern schwierig zu bestimmen, weil die Zugehörigkeiten der Gemeinden zur reformierten oder lutherischen Richtung noch nicht stabil waren. Auch das Bewusstsein in der Frage der konfessionellen Verschiedenheit war allgemein noch nicht so weit entwickelt, dass man schon von getrennten Kirchen sprechen konnte.

Anna handelte nicht konsequent genug, obwohl sie nach dem Religionsfrieden von Augsburg im Jahre 1555 das Recht besaß, sich für eine einzige theologische Auffassung für ihre Grafschaft zu entscheiden. Die bekannte lateinische Redewendung "cuius regio, eius religio" ("wessen Gebiet, dessen Religion") besagt, dass der Herrscher eines Landes berechtigt war, die Religion für dessen Bewohner vorzugeben. Sie ist die Kurzform des im Augsburger Religionsfrieden niedergelegten Rechtsprinzips.

Annas Nachfolger, ihre Söhne Edzard II. und Johann, die beide mit der Grafschaft belehnt wurden, stritten sich heftig um die Form der Landesherrschaft. In dem Bruderstreit festigte sich der konfessionelle Gegensatz, weil beide auch theologisch verschiedener Meinung waren. Die Nachfolgefrage, die von Anna nicht eindeutig gelöst worden war, führte Ostfriesland in eine schwere politische Krise. Johann war wie seine Mutter Anhänger der Reformierten, Edzard II. tendierte stark zu den Lutheranern hin.

Zwischen den Brüdern kam es zu einer verbissenen Auseinandersetzung. Anordnungen von Edzard II. hob Johann wieder auf und Johanns Order wurden von Edzard II. missachtet. Die Bevölkerung reagierte total verunsichert auf diese Kompetenzstreitigkeiten, die auch zu einer räumlichen Abgrenzung der konkurrierenden Brüder führte. Johann herrschte bald über die Ämter Leerort, Greetsiel und Stickhausen, die Edzard II. ihm auf Befehl des Kaisers sogar ab 1589 offiziell als Abfindung überlassen musste. Erst als Johann 1591 kinderlos verstarb, konnte Edzard II. als Alleinherrscher über Ostfriesland bestimmen.

Graf Edzard II. hatte sich in seinem alten Machtbereich stark für den Aufbau der Kirche engagiert, für die das Luthertum die alleinige Basis bildete. Vor allem das wirtschaftlich aufblühende Emden stand ihm nach dem Tode Johanns aber als fest umschlossenes reformiertes Gebiet feindlich gegenüber. Die Bürger der Hafen- und Kaufmannsstadt waren ausgesprochen selbstbewusst und auch die niederländischen Vertriebenen, die vor den Spaniern in die Hafenstadt geflüchtet waren, stärkten die wirtschaftliche Macht Emdens. So konnte Emden, die Hochburg des Calvinismus, nicht problemlos von Edzard II. von Amts wegen lutherisiert werden. In anderen Gebieten war Edzard II. nach 1591 rigoros vorgegangen und hatte frei werdende Pfarrstellen mit lutherischen Predigern besetzt.

Die Seehafenstadt hatte den unbedingten Willen zur Verteidigung des calvinistischen Bekenntnisses auch auf der Grundlage eines erstarkenden Selbstbewusstseins der Bürger. Gegen gräfliche Anordnungen gab es häufig offenen Widerstand in der Stadt. Als die Emder erfuhren, dass der Graf im reformierten Leer gegen den Willen einer Mehrheit der Gemeinde einen lutherischen Pastor eingeführt hatte, kam es zu Unruhen und am 18. März 1595 zur sogenannten Emder Revolution. Am 19. April 1595 wurde von den Emdern die gräfliche Burg in der Hafenstadt eingenommen, ohne dass dabei Blut floss. Edzard II. unternahm nichts gegen die aufständischen Vorgänge. Er befürchtete, dass die Generalstaaten (Nördliche sieben Provinzen der Niederlande) den Emdern zu Hilfe kommen würden. Der Graf bat die Generalstaaten daraufhin um eine Vermittlung in den Streitfragen. Diese waren dazu bereit und man einigte sich am 15. Juli 1595 auf einen Vergleich, der in Delfzijl von den Parteien unterzeichnet wurde.

Im Rahmen des Delfzijler Vertrages wurde festgelegt, dass die reformierte Lehre in den Mauern der Stadt Emden allein herrschende Lehre sein sollte. Edzard II. wandte sich danach aber trotzdem an den Lehnsherrn Ostfrieslands, Kaiser Rudolf in Prag, um gegen die Emder Klage zu erheben. Kaiser Rudolf, der sich an der Vermittlung der Generalstaaten, die ja eine auswärtige Macht darstellten, störte, hob den Delfzijler Vertrag wieder auf. Er erließ aber eine eigene Resolution von 1597, die inhaltlich die Rechte der Reformierten stärkte. Durch den kaiserlichen Rechtsentscheid wurde dem Landesherrn untersagt, in die gemeindlichen Patronatsrechte einzugreifen. Die Gemeinden durften zukünftig wieder ausdrücklich ihre Pastoren selbst bestimmen. Die alten Rechte der Gemeinden in Ostfriesland wurden also gewahrt. Verschiedene Nachfolger von Edzard II. haben als Grafen und Fürsten von Ostfriesland immer wieder versucht, die Regelungen des Augsburger Religionsfriedens von 1555 („cuius regio, eius religio") in ihrem Territorium durchzusetzen, scheiterten aber allezeit an dem Kirchenpatronat der Einzelgemeinden in Ostfriesland.

Graf Enno III., der Sohn und Nachfolger von Edzard II., führte 1599 Verhandlungen mit allen weltlichen und kirchlichen Parteien durch, um die Verhältnisse im Land langfristig zu befrieden. Ergebnis waren die Emder Konkordate vom 7. November 1599. Auf Grundlage dieser Beschlüsse und der geltenden Reichsrechte setzte Enno III. fest, dass in seinem Territorium beide Konfessionen anerkannt wurden und rechtlichen Schutz genießen sollten. Dadurch wurde bestätigt, dass in Ostfriesland zwei protestantische Konfessionen existieren durften. Das Ringen um eine Landeskirche wurde gleichzeitig wieder als Problem bzw. zukünftige Aufgabe an die einzelnen Kirchengemeinden Ostfrieslands delegiert.

Am Ende des Reformationsjahrhunderts war Ostfriesland fast ausschließlich evangelisch. Katholiken gab es noch wenige, aber daraus entstanden keine Probleme. Geografisch verteilten sich die Konfessionen in etwa so, dass der westliche und der südliche Teil der Grafschaft reformiert und der nördliche und östliche Teil lutherisch waren und bis heute noch sind.

Vereinzelt gibt es lutherische Gemeinden in reformierten Gebieten, so z. B. die evangelisch-lutherische Kirchengemeinde in Pewsum in der weitgehend reformierten Umgebung der Krummhörn. Umgekehrt verhält es sich so z. B. mit der evangelisch-reformierten Kirchengemeinde Bedekaspel in der ansonsten lutherisch geprägten Landgemeinde Südbrookmerland. Diese Umstände lassen sich mit den geltenden Patronatsrechten der Gemeindemitglieder und ihren Entscheidungen für oder gegen eine evangelische Konfession erklären und stellen bis heute etwas Beispielloses in der Kirchengeschichte dar.

Hexenwahn

Die Männer zerrten an seiner Kleidung und gingen ihrer Arbeit nach, ohne das geringste Mitleid mit dem Delinquenten zu empfinden. Der Weg war nicht weit und der fast 80 Jahre alte Junge Dyude drohte immer wieder besinnungslos zu werden, weil er vor Angst dem Wahnsinn nahe war. Fast war die Richtstätte an diesem kalten Wintertag im Februar des Jahres 1543 erreicht, als das Unmögliche passierte. Die Männer waren auf ihrem Weg zum Scheiterhaufen beobachtet worden. Ocke Waelken, die auf dem Turm der Auricher Burg festgehalten wurde und inhaftiert worden war, stürzte sich aus großer Höhe in den Tod. Beim Anblick der Abführung des alten Mannes zum Scheiterhaufen entschied sie sich für den Selbstmord. Zwei Männer begutachteten kurz ihren Körper, packten darauf die zerschmetterte Leiche der Frau und nahmen die Tote mit zur Richtstätte. Der Scheiterhaufen bestand aus Reisig, von den Henkersknechten hoch aufgeschichtet. Junge Dyude wurde auf dem Reisighaufen an einem Pfahl festgebunden. Zuschauer beobachteten das Spektakel, einige neugierig auf den Anblick des qualvollen Dahinsterbens des Mannes, andere still und angespannt, weil es auch Menschen gab, in denen die gesunden Instinkte des Mitleids noch wirkten.

Das Brennmaterial war zum Glück trocken und sehr schnell entwickelten sich Hitze und Rauch. Dadurch wurden die Qualen des Mannes, der ja bei lebendigem Leib verbrannt wurde, etwas verkürzt. Trotzdem hörten die Schaulustigen die schlimmen Schmerzensschreie des Opfers und diese ließen sie erschaudern. Die Leiche der Ocke Waelken hatte man gleich mit auf den Scheiterhaufen geworfen. Der brennende Reisighaufen verschlang die beiden Leiber schnell. Manchmal kam es vor, dass die Haufen nicht so hoch aufgeschichtet waren oder das Material feucht war. Dann dauerte der Todeskampf länger und erhöhte die Qualen der Verurteilten immens. War dieser alte Mann aber wirklich ein Hexer gewesen und die Ocke tatsächlich eine Hexe, die gemeinsam im Riepster Umland bei Aurich ihr Unwesen getrieben hatten?

Seit jeher glaubten Menschen an Zauberei und dämonische, also unheimliche und nicht erklärbare Mächte. Im 15. Jahrhundert begannen auch Kirche und Staat diese Phänomene nicht mehr nur als einen unsinnigen Aberglauben anzusehen. Die Furcht vor dem leibhaftigen Satan wuchs überall und führte bald zu grausamen Hexenverfolgungen. 1484 forderte die katholische Kirche unter Papst Innozenz VIII. in der später als „Hexenbulle" bezeichneten Verlautbarung, die Hexen zu bekämpfen. Der Dominikanermönch Heinrich Institoris verfasste dazu eine Publikation, als der „Hammer der Schadensstifterinnen" betitelt. Die mittelalterliche Hexerei umfasste demnach vier Straftaten: Da war zunächst vom „Teufelspakt" die Rede, bei dem die verdächtige Person Gott geleugnet hatte. Es gab die „Teufelsbuhlschaft", was bedeutete, dass die Hexe mit dem Satan den Beischlaf vollführt bzw. mit ihm Hochzeit gefeiert hatte. Drittens sprach man vom „Schadenszauber", von der Schädigung oder der Vernichtung von Menschen oder Tieren. Darüber hinaus konnte man wegen „Hexensabbat" angeklagt werden, wenn Hexen und Teufel ausschweifende Feste gefeiert haben sollten.

Prozesse gegen Hexen fanden in katholischen und protestantischen Gebieten statt. Die Entscheidung, ob prozessiert wurde, lag bei den Gerichtsherren, die oft auf Druck der Bevölkerung aktiv wurden. Jeder konnte vom Verdacht der Hexerei betroffen sein. Wenn für ein unerklärliches Unglück in einem Haushalt ein unbequemer Zeitgenosse verantwortlich gemacht wurde und es zu Anschuldigungen kam, war ein Prozess in der Regel die Folge. Meistens waren es Außenseiter der Gesellschaft, psychisch Kranke oder Sonderlinge, äußerlich Auffällige sowie Alleinlebende, die irgendwann verdächtig erschienen und denunziert wurden. Als Angeklagte unter der grausamen Folter gezwungen wurden, weitere als Hexen verdächtige Personen zu nennen, stieg die Zahl der Prozesse stark an.

Auch in Ostfriesland brannten die Scheiterhaufen im Jahrhundert der Reformation. Aber wie war es zu den Anschuldigungen gegen den erbarmungswürdigen Greis Junge Dyude gekommen?

Ausgangspunkt der Angelegenheit waren die Aussagen eines etwa zwölfjährigen Mädchens, die die Amtleute in Aurich gegen Ende des Januars 1543 auf das Treiben von Hexen in der Gegend des Dorfes Riepe aufmerksam machten. Das Mädchen erklärte, dass eine Frau namens Froutet beabsichtigt hatte, sie in die Hexerei einzuführen. Das Mädchen und die Beschuldigte wurden in das Gericht der Stadt Aurich gebracht und Froutet, die zunächst alle Anschuldigungen abstritt, legte vor dem Gerichtspersonal ein Geständnis ab, als man ihr einige Folterwerkzeuge erklärte und ihr die „peinliche Befragung" (Tortur, Folter) androhte. Gleichzeitig nannte sie die Namen von weiteren Hexen, die ihre Komplizinnen gewesen sein sollten. Froutet habe das Hexen von Ocke Dayen aus Riepe gelernt, die ihr angedroht hatte, sie mit Gift umzubringen, wenn ihren Anweisungen nicht Folge geleistet wurde. Während ihrer Befragung nannte sie auch den Namen des Junge Dyude, der als Hexer die schlimmsten Taten vollführt haben sollte. Junge wurde umgehend inhaftiert. Nachdem er mehrfach ermahnt worden war, legte er während der Folter ein Geständnis ab, worauf er umgehend zum Tode auf dem Scheiterhaufen verurteilt wurde.

Die beiden Hauptangeklagten, die oben genannten Ocke Waelken und Ocke Dayen, wurden von den anderen Verdächtigen als Lehrmeisterinnen der Hexen genannt. Unter der Folter fielen weitere Namen und eine ganze Kette von Verdächtigungen und Anschuldigungen setzte sich in Bewegung. Im Rahmen der vielen Befragungen von denunzierten Personen scheint eine Frau durch die Einflussnahme der Gräfin Anna von Ostfriesland und der Begnadigung durch die Landesherrin gerettet worden zu sein. Die Hintergründe dazu gehen aus den Quellen nicht hervor.

Die Frauen denunzierten irgendwelche Personen in der unbeschreiblichen Not des peinlichen Verhörs. Während der Tortur nannten sie Namen von angeblichen Hexen in der Hoffnung, dass ihre Qualen damit ein Ende finden würden. Die Frauen aus Riepe und dem Umland wurden auch in der Anwesenheit ihrer Ehemänner und nächsten Verwandten verhört. Sie gestanden ihre Taten als Hexen ein, widerriefen diese Schuldgeständnisse aber, als man ihnen die Todesstrafe ankündigte. Eine weitere Folter hatte das endgültige Eingestehen ihrer Schuld zur Folge und die Ehemänner wurden vorgeladen, um die Protokolle der Befragungen und die Schuldeingeständnisse einzusehen.

Das Ergebnis der Riepster Hexenprozesse bestand darin, dass neun der angeblichen Hexen am 19. Februar 1543 in Aurich auf dem Scheiterhaufen hingerichtet wurden. Bald darauf gab es einen weiteren Hexenprozess in Aurich. Diesmal waren Frauen aus der Ortschaft Theene und den Woldendörfern am Großen Meer betroffen. Man machte ihnen zum Vorwurf, auf der Egelser Warf bei Aurich an einem Hexensabbat teilgenommen und Gott verleugnet zu haben. Die Quellen geben keine Auskunft darüber, wie dieser Hexenprozess weiter verlief und endete.

Wie unendlich grausam und unmenschlich mit den der Hexerei verdächtigen Personen umgegangen wurde, zeigt sehr drastisch ein Fall aus dem Ort Leerort im Jahre 1593. Enge Retsema, Ehefrau eines Seilers, wurde von einer Frau angeklagt, ihr Kind tot gezaubert zu haben. Mehrere Zeuginnen dieser Tat konnten genannt werden und Enge wurde umgehend inhaftiert. Sie war allgemein in der Gegend als Hexe verschrien und über sie wurde berichtet, dass sie schon früh ein Bündnis mit dem Satan eingegangen sei.

Die Beschuldigte versicherte unschuldig zu sein und bat bei ihrer Befragung ihren Herrn und Heiland um Beistand. Der Drost hatte wahrscheinlich Zweifel an der Schuld der Frau und verständigte den Landesherrn, Graf Edzard II., über den Sachverhalt, der daraufhin seinen Beichtvater, den Prediger Latonius, um ein Gutachten in der schwierigen Angelegenheit bat. Nach langem Zögern kam der Prediger im Mai 1594 zu dem Schluss, dass aufgrund der starken Indizien die angebliche Hexe Enge Retsema peinlich zu befragen sei.

Der Drost konnte damit zur Folter schreiten, befragte aber die Frau noch einmal in Anwesenheit von Schöffen, dem Amtsschreiber und dem Scharfrichter. Da Enge weiterhin ihre Unschuld beteuerte, wurden ihr die Folter angekündigt und die Foltergegenstände gezeigt. Enge blieb bei ihren Unschuldsbeteuerungen und man begann daraufhin die Tortur mit Daumenschrauben und dem Anlegen der „Spanischen Stiefel" (Beinschrauben mit Schraubzwingen). Danach wurde sie auf die Folterleiter gespannt und die Beinschrauben wurden noch fester angezogen. Enge hielt der Tortur stand und man flößte ihr eine ekelhafte Flüssigkeit ein, wobei die Frau in ihrer Qual laut betete und Gott um Erbarmen bat. Weil Enge kein Geständnis ablegte, verschärfte der Scharfrichter die Folter noch, hielt ihr brennenden Schwefel unter das Gesicht, ihre Arme, die Zehen und ihre Schamteile. Die derart gequälte Frau überstand diese Marter nicht und verstarb, ohne dass die Folterer ihr Ziel erreicht hatten. Enge Retsema wurde noch am Abend des peinlichen Verhörs heimlich auf einem Scheiterhaufen verbrannt.

Ein ganz spektakulärer Fall von Hexenverfolgung ereignete sich im Sommer 1590, weil sich die Ehemänner der beschuldigten Frauen ausgesprochen engagiert für ihre Gattinnen einsetzten und keine Mühen scheuten, um die Frauen zu befreien. Tiabbe Benen und Sibbe Waten aus Loquard waren von anderen Frauen unter der Folter als Hexen denunziert worden. Die Ehemänner, wahrscheinlich eher wohlhabende, gebildete und kenntnisreiche Personen, sahen darin einen Verstoß gegen das damals in Deutschland geltende Strafprozessrecht. Gleichzeitig boten sie dem Drost von Pewsum die Pfändung ihres gesamten Vermögens an, wenn man nur ihre Frauen freilassen würde. Das geschah zwar, aber bald wurden die Frauen wieder wegen Hexerei verdächtigt und inhaftiert. Daraufhin verklagten die Ehemänner ihren eigenen Landesherrn, den Grafen Edzard II., und den Drost von Pewsum am Reichskammergericht in Speyer. Sie stellten klar, dass die Normen der geltenden Rechtsprechung überschritten worden waren, weil die Belastungszeuginnen die Namen der Frauen unter der Folter genannt hatten, ohne dass unzweifelhafte Indizien gegen die Ehefrauen aufgezeigt werden konnten. Die Richter entschieden im Sinne der Ehemänner und Graf Edzard II. musste Tiabbe und Sibbe im Frühjahr 1591 freilassen. Der Landesherr fand sich damit nicht ab und suchte nach einer Gelegenheit, um sich rächen zu können. Als eine weitere Zeugin auftauchte und Beschuldigungen gegen die beiden Freigelassenen vortrug, ließ er Tiabbe und Sibbe von Soldaten nach Pewsum verschleppen und sie umgehend grausam und hart foltern. Trotzdem blieben die beiden Frauen standhaft und beteuerten ihre Unschuld. Sofort wandten sich die Ehemänner Hero und Jeleff wieder an das Reichskammergericht und es gelang ihnen, dass Graf Edzard II. höchstrichterlich aufgefordert wurde, die Frauen aus der Gefangenschaft zu entlassen oder sie gegebenenfalls vor ein ordentliches Gericht zu stellen. Das war eine bittere Niederlage für den Landesherrn, aber für Tiabbe hatte die grausame Prozedur kein gutes Ende. Sie starb noch im Gefängnis an den Folgen der Folterung. Sibbe konnte gerettet werden.

Von dem wahrscheinlich letzten Hexenprozess in Ostfriesland berichten die Quellen aus dem Jahr 1665. In Dornum wurde eine Hausfrau als Hexe angeklagt. Ihr wurde vorgeworfen, Gott und den christlichen Glauben verleugnet, sich mit dem Teufel eingelassen und an Hexentreffen und deren Tänzen teilgenommen zu haben. Teelke Galtets hatte die Vorwürfe bei der gütlichen Befragung und unter der Folter nicht bestritten und alles eingestanden. Da sie Einsicht zeigte, waren ihre Richter sogar insofern gnädig, weil man sie durch das Schwert hinrichten und ihren Leichnam danach auf einem Scheiterhaufen verbrennen wollte. Man führte sie auf den sogenannten Galgenberg, das war eine kleine sandige Erhebung und diente als Gerichtsstätte des Herrn von Dornum. Dort wurde das Urteil vollstreckt.

Ostfriesland gilt, wenn man die Hexenverfolgungen in der Region mit anderen Territorien vergleicht, nicht als eine Hochburg der Hexenprozesse. Trotzdem ist festzuhalten, dass zwischen 1543 und 1591/92 mindestens einundvierzig Personen vor Gericht gestellt worden sind, wie die vorhandenen schriftlichen Quellen aufzeigen. Die Zahl ist in diesem Zeitraum wahrscheinlich sogar noch höher, weil entsprechende Akten später vernichtet worden oder aber abhanden gekommen sind.

Neben den oben genannten Orten beziehen sich die anderen Fälle auf die Stadt Norden, die Orte Pewsum, Rysum und auf mehrere Personen in Uphusen.

Überregional waren die Jahre zwischen 1560 und 1690 die schlimmste Phase der Hexenverfolgungen in Europa. Man nimmt an, dass im Reich etwa 25.000 Menschen als Hexen hingerichtet und in der Regel auf dem Scheiterhaufen verbrannt worden sind. Es gibt aber auch Quellen, die weit höhere Zahlen nennen. Die Verurteilten waren zu etwa 80 % Frauen aus ländlichen Unterschichten. In der ersten Hälfte des 17. Jahrhunderts wurden immer mehr kritische Stimmen laut und es kam zu einem Umdenken in der Hexenverfolgung. Vor allem die Folter lehnten viele ab, hielten aber am Hexenglauben weitgehend noch fest. Ende des 17. Jahrhunderts wurde die Hexerei endlich als Straftatbestand aufgehoben, es fanden aber vereinzelt auch im 18. Jahrhundert noch Hexenprozesse statt.

Von der Jagd zur Zeit der Cirksena

Die Jagd ist so alt wie die Menschheit. Seit ihrem Auftreten sicherten sich die Menschen ihr Überleben die längste Zeit als Jäger und Sammler. Sie begannen erst vor ungefähr 7.000 Jahren mit Ackerbau und Tierhaltung. Mit der Jagd wurden Waffen als erste Werkzeuge entwickelt. Daneben förderte die gemeinsame Jagd der Menschen in den Sippen die sozialen und kommunikativen Fähigkeiten. Somit stellt die Jagd eine der Grundlagen der menschlichen Kultur dar.

Die Bedeutung der Jagd mit ihren Gefahren und Erschwernissen ließ durch die zunehmende Sesshaftigkeit als Lebensgrundlage immer mehr nach. Sie trat als Nahrungserwerb bei einem Großteil der Bevölkerung in den Hintergrund. Gleichzeitig weiß man aus antiker Zeit, dass sie in den damaligen Hochkulturen bereits als Freizeitbeschäftigung und als Möglichkeit zur Körperertüchtigung betrieben wurde.

Jagdmöglichkeiten gab es noch in der Spätantike und in den Anfängen des frühen Mittelalters für die ländliche Bevölkerung. Das Jagen war allerdings schon damals nicht in erster Linie ein Mittel der Nahrungsbeschaffung, sondern sie diente eher zum Schutz der Felder und der gehaltenen Nutztiere. Auf der anderen Seite waren erjagte Produkte wie Häute, Pelze und Knochen zur Herstellung der Bekleidung und der Werkzeuge wichtig. Die Jagd wurde bis ins Mittelalter immer mehr ein Vorrecht des Adels und der staatlichen und kirchlichen Würdenträger.

In Ostfriesland waren es die Häuptlinge, die in dem Zusammenhang mancherlei Vorrechte, zu denen auch die Jagd gehörte, beanspruchten. Eine alte Quelle berichtet davon, dass der Häuptling von Aurich um die Mitte des 15. Jahrhunderts einem Udo Riekena aus Barstede das Recht verlieh, Hasen und Füchse zu jagen. Bei solchen Konzessionen handelte es sich in der Regel um die Ausübung der sogenannten Niederjagd. Das Jagen des Hochwildes war vor allem später das ausschließliche Recht des Landesherren. So führte die Entwicklung dahin, dass die Grafen und Fürsten aus der Familie Cirksena die Ausübung der Jagd als ein Hoheitsrecht betrachteten und den Adel auf die Jägerei im Bereich seiner Besitztümer beschränken wollten.

Diese Sichtweise musste zwangsläufig dazu führen, dass sich zwischen der Landesherrschaft und dem Adel unliebsame Auseinandersetzungen einstellten, wenn es auf Seiten der Landesherrn um die Verteidigung des Jagdrechts („jus venandi") ging. Alte Quellen belegen, dass dem Adel auf Befehl der Landesherrschaft häufig das Jagen außerhalb seiner Güter untersagt wurde.

Auf der anderen Seite standen sich landesherrliche Verordnungen und Gewohnheitsrechte oft dort gegenüber, wo es um die Verteidigung alten Herkommens und um die Stabilisierung des Jagdrechts ging.

Ein Vertrag Edzards II. mit dem Johanniterorden vom September des Jahres 1574 belegt, dass es das Bestreben der ostfriesischen Grafen war, die Ausübung der Jagd als ein Regal oder Hoheitsrecht einzustufen. Entschieden wurde dort einerseits, dass der Orden zwei Kommenden zurückerhielt. Andererseits verpflichtete der Graf sich auch, den Orden nicht mit der Unterhaltung der Jagd zu beschweren. Das bedeutete, dass die Johanniter nicht mehr die Jagdhunde des Grafen mit Brot zu füttern brauchten, wie es vielerorts in Ostfriesland üblich war.

Mit den sogenannten Jagddiensten waren vor allem die Einwohner des Amtes Friedeburg belastet. Sie mussten nicht nur die Hunde der fürstlichen Jäger mit Brot füttern, sondern auch das erlegte Wild wegtragen und die Hütten, die zur Birk- und Moorhahnjagd gebraucht wurden, herrichten. Darüber hinaus hatten sie zur Tarnung dieser Hütten Plaggen und Heide zu hauen und Dachse und Füchse auf Befehl auszugraben. Des Weiteren mussten sie - wie die Untertanen aller ostfriesischen

Ämter - ein großes Aufgebot von Treibern zu den Fuchsjagden des Grafenhauses stellen.

Ihnen wurde trotz dieser außerordentlichen Belastung das Pflücken von Heidelbeeren im Hopelser Gehölz verboten, weil die vielen Pflücker das Wild verscheuchten. Folgende Bestimmungen wurden in der Angelegenheit erlassen: „Wir befehlen allen Eingesessenen unseres Amtes Friedburg, sie seien jung oder alt, bei Strafe von 20 Goldgulden, nach Befinden auch einer schärferen Züchtigung, dass sich niemand unterstehen soll, in Unseren Gehölzen Bickbeeren zu pflücken."

Gleichzeitig forderte man die Gerichtsdiener auf, das Viehtreiben durch das Hopelser Gehölz nicht länger zu dulden. Die Bestimmungen wurden von den Kanzeln der Kirchen in Marx, Etzel und Reepsholt verlesen und der Bevölkerung bekannt gemacht.

Immer wieder kamen die Streitigkeiten über die Jagdgerechtigkeit des Adels und das Jagdrecht des Landesherrn vor. In einem Schreiben des Häuptlings Unico Manninga (1529-1588) vom August 1582 wirft dieser die Frage auf, inwieweit das Jagdrecht dem Adel zustehe. Manninga beschwerte sich, weil der Berumer Amtmann den Lütetsburger Jägern gedroht hatte, ihnen die Jagdhunde abnehmen zu lassen, sobald die Lütetsburger wieder außerhalb der Herrlichkeit jagen würden. Der Häuptling war empört über diesen Eingriff in ein ererbtes Recht und er ließ den Grafen Cirksena wissen, dass er sich nicht von ihm in der Ausübung der Jagd Grenzen setzen lasse. Er erklärte, dass er weiterhin dort jagen werde, wo auch schon seine Vorfahren gejagt hatten.

Eine weitere Quelle berichtet über die von Fürst Georg Christian (1634-1665) wegen Ausübung der Jagd getroffenen Vereinbarungen mit dem Adel. Es ging vor allem um die Abgrenzung der adeligen Jagdbezirke. Nördlich der Linie der Upgant-Osteeler Moräste lag der Jagdbezirk der Herren von Lütetsburg und es reichte im Norden bis in die Ostermarsch und umschloss auch die Kirchspiele Arle und Nesse. In dem Jagdedikt vom Oktober 1663 wird darum gebeten, dass der Adel sich beim Abschuss der Hirsche und Wildschweine doch derart bescheiden zeigen solle, dass die fürstliche Jagd darunter nicht zu stark beeinträchtigt werde.

Wilddieberei kam nicht selten vor. Verschiedene Fälle sind den vorliegenden Akten zu entnehmen. Unter der Herrschaft der Regentin Christine Charlotte (1645-1699) hatte z. B. ein Einwohner aus Middels in Wittmund zwei erlegte Hasen zum Verkauf angeboten. Die Behörden hatten davon erfahren und der ermittelnde Amtmann war vor Ort mehrere Tage mit der Sache beschäftigt. Als schließlich in dem Fall das Urteil gefällt worden war, verlangte der Amtmann an Reisekosten noch 18 Reichstaler und 18 Schaf (27 Schaf=1 Reichstaler). Ein Drittel davon forderten er und seine Mitarbeiter für die Gerichtstage. Zwölf Schaf hatte er in zwei Nächten in Middels ausgegeben, einen Reichstaler rechnete er für drei Tage „außer Hause" und ebensoviel für seinen „sauren wegk nach Middels". So musste der Middelser die Hasen quasi „mit Ochsen büßen", was deutlich macht, dass der Schaden für den Mann, der mit den zwei verkauften Hasen nur ein kleines Geschäft machen wollte, immens war.

Im Amt Esens war zu Beginn des 18. Jahrhunderts das Mitnehmen von Waffen verboten. Die vorliegenden Archivalien zu diesem Verbot lassen die Vermutung zu, dass die Beamten des Amtsbezirks die Eingesessenen oft nur ungern daran hindern wollten, etwas Wild für einen Braten zu erlegen. So hielten sie sich nicht selten zurück, wenn ihnen Übertretungen in der Angelegenheit gemeldet wurden.

Ein aufregendes Ereignis spielte sich im Mai 1713 unweit der Stadt Norden ab. Am hellen Tage waren mehr als 20 Hirsche und Rehe aus dem Lütetsburger Gehölz über Bargebur und Addinggaste in das Amt Norden hinübergewechselt. Von Lütetsburger

Jägern und Eingesessenen der Herrlichkeit wurden sie verfolgt. Augenzeuge dieser Vorgänge war der Norder Vogt Ferdinand Pichler, der darüber auch Bericht erstattete. Auf Grundlage der Ausführungen von Pichler meldete der Norder Amtmann Johann Kettler der Oberbehörde in Aurich: „Heute abend um 8 Uhr erhielt ich die Nachricht, dass eine Partie Hirsche und Rehe, wohl zwanzig bis dreißig Stück, in das Norder Amt eingefallen waren. Einige Tiere waren von den Lütetsburger Jägern in das Lütetsburger Gehölz getrieben worden, die übrigens aber auf das Leegmoor geflüchtet." Aufgrund dieser Ereignisse sah man bei Hofe in Aurich die Angelegenheit als eine Verletzung der Jagdgerechtigkeit an, die von den Herren aus Lütetsburg ausgegangen war. Diese waren „der fürstlichen Jagdgerechtigkeit zu nahe gekommen."

Eine Einwohnerin aus Hesel wurde im Februar des Jahres 1723 straffällig, weil sie es versäumt hatte, ihre Jagdpflichten zu erfüllen. Die Frau namens Gesche Carstens wurde vernommen, und der Richter konfrontierte sie mit der Frage, warum sie die von Jägern erlegten und ihr übergebenen Hasen nicht nach Leerhafe transportiert hatte. Die 55jährige Witwe hatte jedoch angenommen, für diesen Dienst nicht an der Reihe gewesen zu sein. Das bestätigten auch einige Einwohner von Hesel und setzten sich für die Frau ein. Sie sagten aus, dass Gesche von einem Auskündiger zweimal kurz nacheinander beauftragt worden sei, den für sie schweren Dienst zu übernehmen. Obwohl die Witwe ein armseliges Leben führte, lautete das Urteil, dass Gesche die Kosten für die tätig gewesenen Ersatzträger bezahlen musste.

Im Jahre 1731 wurde durch eine Anordnung von Auricher Beamten eine alte Verordnung erneuert und verschärft. Was war geschehen? Einige angesehene Bürger der Stadt Aurich hatten sich mit Flinten ausgerüstet und waren auf die Felder gegangen, um „wilde Vögel" zu schießen. Sie schossen dabei anscheinend alles, was ihnen vor die Flinte kam. Jäger und Jagdaufseher trafen die Jagdfrevler in der Nähe der Stadt an, erkannten die Personen, konnten sie aber nicht festnehmen, weil die Frevler einerseits auf die Ansprache der Aufseher nicht reagierten und sie sich andererseits auch noch auf der anderen Seite eines breiten Grabens befanden, den die Aufseher nicht überqueren konnten. Die Jagdfrevler waren ein Landrichter und ein Einwohner namens Harmen Roleffs. Der Umstand, dass es sich um sehr angesehene Personen handelte, machte es dem Jagdaufseher schwer, etwas gegen die Übertreter in Form einer Klage zu unternehmen.

Lange Zeit blieb dem dritten Stand die Jägerei verboten. Erlaubt war ihm bei Zeiten der Fang von Flugwild und unter Einschränkungen auch das Jagen wilder Gänse und anderer Wasservögel. In dem Zusammenhang erließ Fürst Carl Edzard im April 1744 eine Verfügung gegen die missbräuchliche Ausübung der Vogeljagd im alten Amt Norden. Dort beeinträchtigten die Jäger die fürstliche Wildbahn unter dem Vorwand, Enten und andere Wasservögel schießen zu wollen. Die Verfügung drohte den Frevlern eine Geldstrafe von 20 Goldgulden, den Verlust des Gewehrs und die Erstattung des Schadens an. Der Amtsverwalter Grems ließ die Anordnung von den Kanzeln in den Kirchen verlesen. Ähnliche Vorfälle gab es auch im Amt Esens.

Als Ostfriesland im Mai 1744, nach dem Tode des Fürsten Carl Edzard Cirksena, an Preußen fiel, wurden die Kriegs- und Domänenkammer in Aurich und die Ämter für das Jagdrecht zuständig.

Über Bäckerzünfte

Zu den ältesten Berufen gehört zweifelsohne der des Bäckers. Als die Menschen vor 10.000 Jahren begannen, wild wachsende Getreidearten als Nahrungsquelle zu nutzen, wurde das geerntete Getreide lediglich zwischen Steinen zermahlen und mit Wasser sowie Salz zu einem breiartigen Teig vermengt und anschließend am Feuer gebacken. Das Resultat war ein simples Fladenbrot. Im Gebiet von Ägypten und Babylonien wurde bereits 3.000 Jahre vor Christi Geburt Brot mit dem Zusatz von Sauerteig hergestellt. Die Ägypter entwickelten auch schon Backöfen und waren in der Lage, mehr als 15 verschiedene Brotsorten zu backen. Betuchte Ägypter beschäftigten u. a. Diener, die hauptsächlich damit zu tun hatten, Mehl zu mahlen und Brot herzustellen. Hohe staatliche Amtsträger unterhielten eigene Bäckereien, die für die Verpflegung der Tempelbediensteten zuständig waren und darüber hinaus auch Opferbrote backen sollten.

Überlieferungen aus der Zeit um 800 machen klar, dass die Menschen auf dem Gebiet des späteren Deutschen Reiches und zu Lebzeiten Karls des Großen das Brotbacken kannten. Es war damals eine Tätigkeit, die von Leibeigenen, Knechten oder einfachen Bediensteten verrichtet wurde. Als Städte entstanden, in denen mit der Zeit immer mehr Menschen lebten, entwickelte sich zum Ende des Frühmittelalters der Bäckerberuf. Es waren Handwerker, die damals „Beck" oder „Pfister" genannt wurden. „Beck" war eine Kurzform von Bäcker/Becker und die zweite Bezeichnung leitete sich vom lateinischen Wort „pistor" (Bäcker) ab. Diese Leute gingen ihrer Arbeit gewöhnlich unter Benutzung von stadteigenen Öfen nach, denn sie waren finanziell nicht in der Lage, sich einen eigenen Ofen zu leisten. Als Grundnahrungsmittel fand Brot allerdings bis etwa 1400 noch keine Verwendung beim gemeinen Volk, denn das Brotbacken war eine teure Angelegenheit und deswegen aß man bei den einfachen Leuten Brei. Im Hochmittelalter entstanden die Zünfte als ständische Körperschaften von Handwerkern und auch die Bäcker schlossen sich zusammen, um gemeinsame Interessen zu vertreten und zu wahren. In den Quellen zur Geschichte der Bäcker in Esens und Wittmund sowie anderen Städten der Region werden die Begriffe Zunft und Gilde synonym benutzt, was auch überregional seit dem Mittelalter bis zum 19. Jahrhundert durchaus üblich war. Heute versteht man wissenschaftssprachlich unter Zunft den Zusammenschluss von Handwerksmeistern und unter Gilde die Vereinigung von Kaufleuten. In Esens bestand schon relativ früh, in der ersten Hälfte des 17. Jahrhunderts, eine Bäckergilde, jedoch war in unserer Region Emden, die durch Handel und Schifffahrt früh aufgeblühte Stadt, der Ort, aus dem eine erste Gilderolle aus dem Jahr 1504 stammt. In der Bäckergilde von Esens war es wie in anderen Gegenden üblich, sich aus ihren Mitgliedern den Ältermann und die Älterleute zu wählen, während der jüngste Meister den Dienst des Jüngermanns versehen musste. Der Ältermann in Esens leitete die Versammlungen und die Älterleute vertraten die Gilde nach außen. Sie achteten auch streng darauf, dass die in der Gilderolle festgelegten Abmachungen eingehalten wurden und wandten sich immer dann an die Landesbehörde, wenn die Bäcker sich zu inhaltlichen Änderungen entschlossen hatten, die ja vom Landesherrn genehmigt werden mussten.

Die Bäcker waren verpflichtet, stets ausreichende Mengen an Backmehl auf Lager zu haben, damit kein Mangel an ausreichend Brot eintreten konnte. Jeder Bäcker hatte an den vier Hochzeiten des Jahres, nämlich zu Ostern, Pfingsten, Weihnachten und Neujahr, einen halben Taler in die Armenbüchse zu geben. Aus jeder Bäckerfamilie in der Stadt sollte eine erwachsene Person an der Beerdigung teilnehmen, wenn ein

Mitglied der Gilde verstorben war. Die Brotpreise wurden von Amts wegen festgesetzt, was für Probleme bei den Bäckern sorgte, denn in den Ämtern arbeitete
man langsam und reagierte dort immer erst spät, wenn es zu Teuerungen im Land
kam. Gerade in der Stadt Esens wirkte sich das sehr nachteilig aus, weil Bürgermeister, Amtmann, Kanzleiverwalter und Drost vor jeder Preisänderung gehört
werden mussten. Das sorgte für große Schwierigkeiten bei den Bäckern. So traten
Carsten Bredemeyer und Peter Omberg, die Älterleute der Bäckergilde in Esens, im
Hungerwinter des Jahres 1771 an die Behörden heran und beantragten eine
Änderung in ihrer Gilderolle und eine Erhöhung des Brotpreises. Ihre Gildemitglieder
hatten bei großen Verlusten im laufenden Jahr das Brot gebacken und zu einem
Preis von 14 Gulden und acht Stüber für die Tonne Roggen an ihre Kunden verkauft
und um keine Erhöhung der Brottaxe gebeten, obwohl die Tonne Roggen zu 16 und
17 Gulden eingekauft werden musste. Die Brotpreise waren jedoch inzwischen
weiter angestiegen und bereits bei 22 Gulden angelangt, was wahrscheinlich auf
eine Missernte zurückzuführen war. Die beiden Älterleute machten deutlich, dass der
Brotpreis schon längst hätte erhöht werden müssen und zwar in Übereinstimmung
mit den Roggenpreisen um 50 Prozent. Doch der Bürgermeister Block war zu keiner
Erhöhung bereit gewesen, weil 150 Schiffe mit Roggen und Weizen aus der Ostsee
erwartet wurden und auch die neue Ernte bessere Zeiten ankündigte. Unter den
gegebenen Umständen hatte der Magistrat von Esens aus Vorsorge Roggen
einkaufen lassen und auch andere Magistrate und Verantwortliche aus verschiedenen Flecken hatten sich angeschlossen. Dadurch war die Verknappung des
Brotgetreides noch verdrussvoller geworden und der Kornpreis dadurch weiter
gestiegen.
Auf die Forderungen der Älterleute der Bäckerzunft in Esens wollte der Magistrat
nicht eingehen, sondern ließ umgehend untersuchen, ob jeder Bäcker nach den
Bestimmungen der Gilderolle die nötigen Mengen an Brotkorn und Mehl zum
Backen in seinen Lagerbeständen bereithielt. Bredemeyer und Omberg wurden
angewiesen, dies zu kontrollieren und alternative Maßnahmen zu erwägen.
In Wittmund kam es im Gegensatz zu Esens relativ spät zu einer Vereinigung der
Bäcker. Als die allgemeinen Umstände im frühen 18. Jahrhundert die Lage für die
Wittmunder Bäcker unerträglich machten, schlossen sie sich nach dem Vorbild der
benachbarten Stadt Esens zusammen und beratschlagten über die Inhalte ihrer
Gilderolle. Wittmund galt zu der Zeit als Flecken. Der Ort hatte die Stadtrechte
bereits einmal um 1500 besessen, jedoch später wieder verloren. Fast alle Bäcker
des Fleckens kamen am 28. Juli 1731 zu der Gründungsversammlung zusammen,
um hier sämtliche zukünftigen Regelungen und Maßnahmen zu besprechen. Die
Bäckermeister Dirk Reinken und Marten Hillerns wurden zu Sprechern der Handwerksmeister ernannt. Die 26 Bäcker aus dem Flecken ließen sich als Mitglieder der
Gilde eintragen und unterschrieben die Vereinbarung zum Zusammenschluss. Sie
hatten großes Interesse daran und forderten strenge Bestimmungen in ihrer
Gilderolle, weil sie sich gegen unlauteren Wettbewerb und übel gesinnte Konkurrenz
schützen wollten. Es sollte umgehend allen Bäckern im Flecken Wittmund verboten
sein, „fremdes" Mehl billig auszurufen und zu verkaufen. Einige Beschlüsse der
Wittmunder Bäcker unterschieden sich von den Bestimmungen ihrer Esenser
Kollegen. So hatte jeder in die Gilde eintretende Bäckermeister drei Reichstaler in
die Fleckenkasse einzuzahlen, damit die Kinder verarmter Bäcker von dem Ein-
standsgeld unterstützt werden konnten, um z. B. ihre Schule weiterhin ohne
Probleme besuchen zu können. Auch an die Bäckerwitwen dachte man und die
Handwerksmeister beabsichtigten, die schwierige Lage der Frauen nach dem Verlust
des Ehemannes zu verbessern, indem festgelegt wurde, dass die Meistersöhne, die

den elterlichen Betrieb übernahmen, vom Wandern der Gesellen nach der Lehrzeit und als Voraussetzung zur Meisterprüfung befreit sein sollten. Die Meister Reinken und Hillerns, die als Sprecher der Bäcker auch die Versammlung leiteten, waren am Schluss der Zusammenkunft mit den Ergebnissen der Absprachen sehr zufrieden. Zum Ende der Gründungssitzung der Gilde wurde noch über die sogenannten „Schlieter" debattiert, die Fein- und Grobbrot in Körben mit sich führten und im Hausverkauf absetzten. Sie stellten eine unangenehme Konkurrenz für die Bäckereien dar. Die Meister sprachen sich dafür aus, dass im Amt Wittmund zukünftig nur noch drei oder vier „Schlieter" geduldet werden sollten, im Flecken Wittmund aber keiner mehr, weil die Zahl der Backstuben in Wittmund vollkommen ausreichte und die Bäcker beinahe Tür an Tür wohnten. In früheren Zeiten war es bei den Gilden üblich, sich eine Heilige als Schutzpatronin zu wählen, so verehrte z. B. die Bäckergilde in Emden die heilige Agathe und die Bäcker ließen an ihrem Gedenktag für alle aus der Gilde verstorbenen Mitglieder eine Messe lesen und Kerzen anzünden. Aber zu Zeiten der Bäckergilden in Esens und Wittmund war dieser Brauch längst Geschichte, denn bereits die regierende Gräfin Anna hatte in ihrer Polizeiordnung von 1545 dafür gesorgt, dass die Verehrung der Heiligen unterlassen wurde. Die Gilderollen von Esens und Wittmund enthielten aber genaue Bestimmungen über die Verwendung von eventuell einkommenden Strafgeldern, die in der Regel je zur Hälfte der Landesobrigkeit und den vor Ort lebenden Armen zugesprochen wurden. Den organisierten Bäckermeistern waren natürlich gewisse Rechte der Selbstverwaltung zugebilligt worden, aber bei der Abfassung ihrer Rollen und bei eventuell vorzunehmenden Änderungen der Inhalte war immer die Genehmigung der Landesobrigkeit notwendig.

Voraussetzung für die Ausübung des Bäckerhandwerks war vor allen anderen Dingen der Erwerb der Bürgerschaft nach vorheriger Eidesleistung. Neben der Gewinnung des Bürgerrechts waren weitere Vorbedingungen die freie und ehrliche Geburt sowie die Unbescholtenheit und ein guter Leumund. Dazu gehörten auch freies Eigentum und die Befolgung aller Vorschriften des Gildebriefes sowie im Regelfall das Gesellenwandern. Wenn diese Voraussetzungen erfüllt waren und ein Meisterstück von den Gesellen angefertigt worden war, konnte ein Bewerber ins Bäckeramt aufgenommen werden. Auch die Ehefrau und die Familie des Bäckers hatten Anforderungen zu erfüllen. So war es notwendig, dass sie im gesellschaftlichen Umgang einwandfrei auftraten und ihre Herkunft nicht Anlass zu Spekulationen in der Bevölkerung führte. Aber es kam auch vor, dass der Bewerber hohe Aufwendungen aufbringen musste, um das Handwerk ausüben zu dürfen. Um 1700 musste z. B. ein angehender Bäcker in der Stadt Aurich „vier Goldgulden an den Fürsten, einen Goldgulden jedem Bürgermeister zu der Stadt Besten, vier Goldgulden dem Amt nebst einer Tonne guten Bieres und einer Mahlzeit" aufbringen. Darüber hinaus waren noch zwei Goldgulden an die Armen zu entrichten. Es wurde sogar der Nachweis einer zweijährigen Bäckertätigkeit in Holland verlangt, denn das dortige Brot hatte zu der Zeit einen guten Ruf und holländische Bäckergilden genossen in unserer Region ein hohes Ansehen.

Mit der Zeit gelang es den Bäckerzünften immer besser, ihre Interessen gegenüber den obrigkeitlichen Stellen zu vertreten und den zünftigen Wettbewerb zu regeln. Arbeitsmaterial und Rohstoffe wurden für die zünftigen Mitglieder beschafft und es wurden Bestimmungen für die Ausbildung des Bäckernachwuchses festgelegt. Die Vertreter der Zünfte überprüften aber auch die Qualität der Waren, legten Preise, Arbeitslöhne und –zeiten fest und organisierten die Alters- und Krankenversicherungen ihrer Mitglieder. Wenn sich bestimmte Bäcker nicht an die festgelegten Ordnungen der Zunft hielten, kam es zu gravierenden

Strafen und es geschah sogar, dass Berufsverbote erlassen wurden. Brot war aber nicht gleich Brot, was daran deutlich wird, dass die einfache Bevölkerung in der Regel grobes, dunkles Brot verzehrte, während auf die Tische der reichen Schichten helle Brotsorten aus feinem Mehl kamen. Es war noch im 17. Jahrhundert ein Luxus, wenn man sich Weißbrot leisten konnte. Durch diese Unterschiede kam es auch zu einer Differenzierung bzw. Spezialisierung innerhalb der Zünfte, denn man unterschied z. B. zwischen den Schwarzbäckern, die Roggen- und halbweiße Brote buken, und den Weißbäckern, die verschiedene Arten von Hefe- und Milchbrot und auch Kuchen als Backwaren herstellten und verkauften. Bis ins 19. Jahrhundert gab es die Zünfte als Zusammenschlüsse von Handwerksmeistern, aber danach verloren sie ihre einflussreiche Bedeutung und wurden dann nach und nach aufgelöst. Weil Gewerbefreiheit herrschte, konnte jeder seinen Beruf frei wählen. Nichtsdestotrotz waren die hauptsächlichen Tätigkeitsvorgänge im Bäckerhandwerk, das Herstellen und die Verarbeitung von Teig, weiterhin durch Handarbeit gekennzeichnet. So blieben die Produktionsmethoden der Bäcker über Jahrhunderte einfach und der Alltag der Bäcker blieb eine kräftezehrende, handwerkliche Arbeit. Dann kamen die industriellen Öfen auf, die leichter zu bedienen waren und sich durch ihre Leistungsstärke auszeichneten. In der Mitte des 19. Jahrhunderts fanden die neu erfundenen Teigknetmaschinen in den Bäckereien Verwendung, aber die handwerklichen Kenntnisse sind bis heute Grundlage für die Berufsausübung der im Bäckerhandwerk tätigen Menschen.

Brandbekämpfung

Am 23. Juni 1672 kam es in Esens zu einem fürchterlichen Brand. Die schreckliche Feuersbrunst äscherte innerhalb von nur zwei Stunden 90 Wohnungen ein und nahm vielen Menschen ihr ganzes Hab und Gut, so dass sie in größte Armut gerieten. Viele Handwerksmeister und insbesondere die Weber verloren nicht nur ihre Häuser und Wohnungen, sondern auch ihre Handwerksgeräte. Unter anderem verbrannten 44 der besten Webstühle. Unmöglich war es den Personen, sich aus eigener Kraft zu helfen, so dass sie zahlreiche Bittgesuche an die behördlichen Stellen richteten. Drost, Amtmann und Bürgermeister der Stadt waren nicht in der Lage, die große Not zu lindern. Allein die Armen des Gasthauses (Armenhaus) verloren durch den Brand über 2.000 Gulden. Das Gasthaus hatte viele kleine Kapitalien hypothekarisch auf Häuser und Grundstücke eintragen lassen und empfing davon zum Unterhalt der Armen im Gasthaus die Zinsen.

Pastor Gerhard Kohlmeyer, Bürgermeister Hinricus Rocus und Armenvorsteher Hinrich Altena appellierten an Fürstin Christine Charlotte, ihren Untertanen beizustehen: „Allein die Not, welche keine Gesetze hat oder achtet, ist so groß, dass wir uns ihrer nicht können entbrechen. Weil die armen Leute gar nichts als ein wenig Bettzeug gerettet haben, so könnten Eure Durchlaucht ihnen mit Geld helfen. Damit sie wieder unter ein Dach kommen, erbitten wir von Eurer Durchlaucht Holz zum Bauen. Holzungen sind hier genug vorhanden, nicht zwar mit großen Bäumen, aber doch mit Stämmen von 10 bis 12 Fuß (hannov. Fuß = ca. 30 cm) Länge, mit denen ihnen schon geholfen wäre."

Am Ende ihres Gesuches baten die drei Männer darum, dass die Fürstin den Notleidenden gestatten wolle, im Fürstentum Ostfriesland und angrenzenden Ländern eine Kollekte abzuhalten. Letztendlich hat die Fürstin den unglücklichen Stadtbewohnern wohl nur 100 Reichstaler vermacht, ihnen aber die Durchführung einer Kollekte innerhalb und außerhalb des Landes gestattet.

Zum Ende der Amtszeit von Bürgermeister Hinricus Rocus kam es noch einmal zu einem größeren Brand in der Stadt. An einem Tag im Jahre 1708 entstand in einem der größten Häuser am Markt ein großes Feuer. Durch diese Feuersbrunst wäre beinahe die halbe Stadt zerstört worden, wenn die Esenser nicht Glück gehabt hätten. Zur Bekämpfung des Feuers waren nur Brandeimer, Brandleitern und Feuerhaken vorhanden gewesen. Die Bürgermeister Hinricus Rocus, Johann Wilken, Johann Bernhard Hegeler und Leonhard Bock entschuldigten sich schriftlich bei dem Fürsten Christian Eberhard, dass das Gebäude trotz aller Anstrengungen nicht zu retten gewesen sei. Es stand bereits in Flammen, als die Bürgermeister von dem Brand erfuhren.

Zudem waren die Brunnen auf dem Markt nicht in Ordnung gewesen. In die Brunnen hatten Kinder und Gesinde immer wieder Holzstücke und Steine geworfen. Darüber hinaus konnte wegen der aus dem Haus schlagenden Flammen keiner auf Brandleitern nach oben steigen, um von dort zu löschen. Mit Segelstoff waren die benachbarten, nur halb so hohen Häuser bedeckt und durch ständiges Begießen geschützt worden. Ohne diese Maßnahme wäre nach Meinung der Bürgermeister wohl die halbe Stadt abgebrannt.

Es ist nach Lage der Akten davon auszugehen, dass staatliche Stellen sich nach dem Brand von 1672 nicht sehr um den Brandschutz bemüht haben. Denn bei dem Brand von 1708 zeigte sich, dass 1672 viele Ledereimer verbrannt waren und keine neuen Eimer angeschafft worden sind.

Die Verantwortlichen kamen allerdings auf Grund der mangelhaften Bekämpfung des Großfeuers im Jahre 1708 zu der Einsicht, dass zukünftig etwas getan werden musste, um erfolgreich gegen Feuersbrünste in der Stadt kämpfen zu können. Für Esens arbeiteten deswegen der Drost von Münnichen und die vier Bürgermeister der Stadt eine Brandordnung aus, die sie dem Landesherrn zur amtlichen Bestätigung vorlegten.

Aus dieser Brandordnung gehen die einzelnen Maßnahmen hervor. Demnach war es notwendig, dass die beiden öffentlichen Brunnen auf dem Marktplatz gereinigt und zur schnellen Wasserentnahme zweckmäßig eingerichtet wurden. Es hatten die Anwohner des Marktes und die Stadtdiener zukünftig darauf zu achten, dass Kinder und einfaches Gesindel weder Steine noch Holzstücke in die Brunnen warfen und dass weder Mist noch Dreck den Zugang zu den Wasserentnahmestellen verhinderte. In der Stadt und ihren Randbezirken sollten Notbrunnen gegraben werden, weil zwei Brunnen für die ganze Stadt zukünftig nicht ausreichen würden. Die Brunnen waren so herzurichten, dass man mit Pferden und Schlitten gut an sie herankommen konnte. Fachkundige Handwerker in Esens hatten vier große Kupen (Fässer) anzufertigen und diese mit Ringen aus Eisen zu beschlagen. Auf Schlitten oder Wagen sollten die Kupen gesetzt werden, damit man darin das Wasser aus den Brunnen zur Brandstelle fahren konnte. Bei den Brunnen hatten die Kupen ständig bereitzustehen, je eine bei den beiden Marktbrunnen, eine in der Nordstadt und eine auf dem Fischmarkt.

Es waren zwei gute Spritzen, mit denen man ungefähr 30 Fuß hoch spritzen konnte, anzuschaffen. Diese sollten durch eine Kollekte in der Stadt finanziert werden und beim Stadthaus in ständiger Bereitschaft stehen. Es hatte sich bei dem letzten Brand gezeigt, dass nicht genügend Ledereimer vorhanden waren. Daher wollte man aus Mitteln der Stadt vierzig neue Eimer anschaffen und in einem Raum des Rathauses aufbewahren. Es wurden alle „Hausgesinde und Familien, die in der Stadt wohnen, sie seien Freie oder Unfreie, Bediente oder Gemeine" unter der Androhung einer Strafe von fünf Goldgulden verpflichtet, Ledereimer anzuschaffen. Diese mussten sie entweder selbst oder durch ihre Dienstboten gegebenenfalls bei einem Brand zur Brandstätte schaffen.

Die Zünfte oder Gilden, die auf Grund ihrer Regularien Ledereimer, Brandleitern und Haken von angemessener Länge unterhalten mussten, benötigten einen Platz für die Unterbringung dieser Gerätschaften. Dazu eignete sich die Nordseite des Glockenturms am besten. Jeder Quartiermeister und auch der Küster sollten deswegen einen Schlüssel zum Glockenturm haben.

Die Offiziere der Schützen- und Bürgerkompanie hatten zweimal im Jahr zu prüfen, ob Brunnen, Kupen, Spritzen, Eimer und die anderen Geräte in gutem Zustand waren. Untaugliche Geräte mussten notiert und der Obrigkeit gemeldet werden. Wer in der Angelegenheit fahrlässig handelte, sollte bestraft werden. Bei der Kontrolle wurden auch die Backöfen, Dächer, Back- und Brauhäuser, die Schornsteine und alles, was mit einem Feuer in Berührung kommen konnte, inspiziert. Besonders wollte man darauf achten, dass solche möglichen Brandstellen nicht mit Holz, Torf, Stroh oder Flachs belegt waren. Brauer und Mälzer mussten auf ihren Böden Wannen mit Wasser stehen haben. Bei jeder jährlichen Generalvisitation sollte alles, was zur Brandordnung gehörte, besehen werden. Die Bürgermeister nahmen es auf sich, dem Drosten Nachricht zu geben, wenn etwas nicht in Ordnung war. Man legte größten Wert darauf, dass bei der Sache in allen Bereichen die notwendige Ordnung bestand. Um bezüglich der Brandordnung Überschneidungen zu vermeiden, teilte man die Stadt Esens in vier Bezirke ein. Bürgermeister Rocus war für das Jücher-Quartier mit dem Tor verantwortlich, Bürgermeister Wilken für das Steinstraßenquartier mit dem Drostentor, Bürgermeister Hegeler für das Marktquartier mit dem Heerdetor und Bürgermeister Bock für das Neustädter Quartier mit dem Stadthaus und dem Speicher. Weiter heißt es in der Brandordnung: „Bei entstehendem Brande, welches Gott verhüten wolle, müssen die Bläser die Leute im Hause, in dem der Brand entstehet, aufklopfen, auch die Brandglocke bestellen (damit der Küster sie anschlage), alle Bediente, Offiziere und Gemeine durch hartes Klopfen und Brandrufen (Feurio! Feurio!) aufmuntern, auch die Schlosswache rufen und derselben vom Brand Nachricht geben. Sobald das alles geschehen ist, soll ein jeder, vom höchsten Bedienten bis zum geringsten Häusling, sich bei Strafe von fünf Goldgulden an dem Orte mit seinem Wassereimer einfinden, da es vonnöten ist und seiner Pflicht obwarten, wovon keiner als durch Abwesenheit oder Krankheit entschuldigt oder bereit sein soll."

Darüber hinaus sollten die Bürgermeister die Stadtoffiziere und Bürger bei den Quartieren oder an anderen Plätzen unter sich aufteilen und sich beim Löschen des Feuers mit all ihrer Kraft einsetzen. Die Amts- und Gildemeister hatten ohne jede Verzögerung ihre Brandleitern und Haken herbeizuschaffen. Die Fuhrleute mussten umgehend mit ihren Pferden erscheinen. An Sommertagen jedoch, wenn die Pferde der Fuhrmänner auf der Weide waren, durften sich die Bediensteten nicht weigern, ihre eigenen Pferde bereitzustellen, bis die Fuhrleute ihre Tiere von der Weide geholt hatten. Wenn überhaupt keine Pferde zur Verfügung standen, sollten die Quartiermeister so viele Männer zu den Kupen beordern, dass diese die Wasserbehälter zu der Brandstelle ziehen konnten.

Jeder bei der Feuerlöschung anwesende Bürger hatte den Befehlen der vorgesetzten Offiziere und Bediensteten nachzukommen und sollte sich in allen Dingen als gehorsam erweisen. Abschließend wurde in der Brandordnung für Esens noch darauf aufmerksam gemacht, dass nach gelöschtem Brand keiner, seien es ganze Gilden, Bedienstete, Offiziere oder gewöhnliche Bürger, seine Brandgerätschaften mit sich nach Hause nehmen durfte, wenn dazu noch kein Befehl gegeben worden war.

Die Eingesessenen von Wittmund planten im Jahre 1732 eine neue Brandordnung einzuführen und die erforderlichen Feuerlöschgeräte anzuschaffen. Durch zwei große, innerhalb kurzer Zeit vorgefallene Feuersbrünste hatte es sich gezeigt, dass bezüglich einer Verbesserung des Brandschutzes noch viel getan werden musste.

Zur Anschaffung und Bezahlung der neuen Geräte wurde eine Sammlung durchgeführt. Sie erbrachte etwa 210 Reichstaler. Die Summe reichte aber nicht aus und so bat man den Landesherrn um eine Beihilfe. Dem Bittschreiben wurden die Entwürfe für eine neue Brandordnung beigelegt. Auch ein Verzeichnis der Spender aus dem Flecken legte man dem Bittschreiben bei. Der Drost von Staubach hatte sich als erster Geldgeber mit drei Reichstalern eintragen lassen. Regierungsrat Schleuff gab sogar fünf Reichstaler, aber auch zahlreiche andere Honoratioren präsentierten sich als Unterstützer und Geldgeber mit Summen, die ihrer gesellschaftlichen Stellung entsprachen.

Die fürstliche Regierung ging jedoch auf das Bittschreiben gar nicht ein, wollte aber Details zu der geplanten neuen Brandordnung wissen. Es sollte nach der neuen Ordnung verboten sein, offenes Feuer aus benachbarten Häusern zu holen oder heiße Asche einfach auf Misthaufen zu werfen. Auf den Hausböden durfte kein Heu oder Stroh gelagert werden und untersagt war es auch, Flachs auf Öfen zu trocknen oder abends noch zu dreschen. Wittmunder Einwohner hatten sich einer besonderen Vorsicht zu befleißigen, wenn sie mit Pulver, Teer oder Pech handelten. Schmiedemeister wurden angewiesen, ihre Schornsteine so hoch bauen zu lassen, dass sich kein Funkenflug entwickeln konnte.

Personen, die einen beginnenden Brand bemerkten, hatten dies umgehend zu melden. Die Bevölkerung wurde im Brandfall durch Glockenläuten, Trommelschlag und Hornsignale zur Mithilfe aufgerufen. Es musste sich jeder erwachsene Mann mit einem Löscheimer zur Brandstelle begeben. Die Behörde ging davon aus, dass jeder Bürger über einen dichten ledernen Eimer verfügte. Die Brauer hatten ihre Wassertonnen zur Verfügung zu stellen. Es war Aufgabe der Fuhrleute, mit ihren Gespannen Wasser herbeizuschaffen. Mit Sägen und Beilen mussten Zimmerleute unverzüglich an der Brandstelle erscheinen.

Nach der Kenntnisnahme der vorläufigen Regelungen in einem Brandfall beauftragte die fürstliche Regierung einen Sekretär mit der Ausarbeitung der endgültigen Fassung der Brandordnung für den Flecken Wittmund. Das geschah umgehend und im Sommer des Jahres 1732 wurde diese Ordnung von der Landesherrschaft bestätigt und offiziell erlassen.

Noch im September des Jahres bemühten sich Wittmunder Bürger um die Anschaffung einer Feuerspritze. Es wurden Erkundigungen über brauchbare Modelle in Amsterdam, Hamburg und Bremen eingeholt, wobei es in erster Linie um die Beschaffung von Offerten ging. Über das Engagement dieser Einwohner berichtete das Amt in einem Schreiben an die fürstliche Regierung in Aurich.

Von der Zweckmäßigkeit des Ankaufs einer Spritze waren aber die Wittmunder Beamten nicht restlos überzeugt; sie gingen vielmehr davon aus, dass die Spritze bei einem ausgebrochenen Brand keinen wirklichen Schutz bieten konnte. Es seien Scheunen längst in Asche gelegt, wenn die Spritze an die Brandstelle befördert worden sei und endlich in Tätigkeit trete. Nach Erfahrung der Amtleute brannten die bis unter dem Dach mit Stroh und Heu angefüllten Hausböden leicht und schnell. Die Brandgefahr erhöhte sich noch dadurch, dass viele Häuser mit Stroh gedeckt waren oder Dächer aus Ziegeln in Verbindung mit Strohdocken zur Abdichtung hatten. Die Amtleute hielten es deswegen für ratsam, zunächst auf die Beseitigung entsprechender Gefahrenquellen hinzuwirken. Sie ließen nicht unerwähnt, dass zwei Brände innerhalb von 2 ¼ Jahren neun Häuser zerstört hatten.

Die Archivalien machen nicht deutlich, ob doch eine Feuerspritze zu der Zeit um 1732 angeschafft worden ist. Die Brandordnung von 1732 wird aber ihre Wirkung in dem Flecken und bei den dortigern Einwohnern nicht verfehlt haben. Mit der Feuerlöschordnung bekamen die Menschen in Wittmund genaue Richtlinien geliefert, wie sie sich in einem Brandfall zu verhalten hatten.

Alkoholmissbrauch in der Frühmoderne

Alkohol wurde in der Menschheitsgeschichte schon früh als Genussmittel konsumiert. Auch der übermäßige Alkoholkonsum ist bereits aus der Antike bekannt. In der Epoche des Mittelalters beschränkte sich das übermäßige Trinken vor allem auf den Adel und den höheren Klerus. Hinweise auf die Unsitte des übermäßigen Alkoholkonsums in Ostfriesland in der frühen Neuzeit finden sich in Quellen zur Regierungszeit der Gräfin Anna. Aus dem Jahre 1565 berichten die Unterlagen, dass in der Seehafenstadt Emden an einem Wintertag im Februar, als die Menschen sich auf dem Eis der zahlreichen Gewässer der Stadt vergnügten, Unmengen an Bier und Wein konsumiert wurden. Emden war zu der Zeit eine bedeutende Hafenstadt in Europa und die meisten Einwohner waren vermögend und es wurde viel Geld in der Stadt verdient. Als großer Trinker galt zu der Zeit auch der Junker Unico Manninga von Lütetsburg. Als Drost auf der Emder Burg ließ er sich regelmäßig hohe Sendungen Wein liefern.

Im Volk wurde in erster Linie Bier getrunken, das im Inland gebraut worden war. Die Brauereien in Ostfriesland bekamen immer mehr zu tun und vor allem die Brauerei in Oldersum florierte ganz besonders. Weitgereiste Kaufleute der Stadt Emden und Adelige bevorzugten das stark berauschende Bier aus Hamburg.

Anscheinend wurde das übermäßige Trinken zu einem gesellschaftlichen Problem, denn Gräfin Anna und ihre Berater Eggerik Beninga und Johannes a Lasco kamen um 1545 zu dem Entschluss, gesetzlich auf diesen Missbrauch einzuwirken. Es wurde eine umfangreiche Polizeiverordnung erlassen, die auf das bürgerliche Leben der ostfriesischen Bevölkerung Einfluss nahm.

In jeder Ortschaft sollte es demnach nur noch eine Gastwirtschaft geben. Während der Gottesdienste durften die Wirte keinen Alkohol ausschenken, andernfalls drohte ihnen der Verlust ihrer Konzession. Nach 19 Uhr sollte generell kein Bier mehr ausgeschenkt werden. Lediglich bei auswärtigen Zeitgenossen, die sich in Ostfriesland auf der Durchreise befanden, erlaubte man Ausnahmen und gestattete ihnen am Abend zwei Krüge Bier. Es waren oft die besseren Biere, die in den Gaststuben an den wichtigen Landstraßen für fremde Kaufleute bereitstanden, die aber auch in den adligen Wohnungen konsumiert wurden. Mit der Polizeiverordnung der Gräfin Anna wurde das Zutrinken aus großen Pokalen verboten und auch jede Nötigung zum Trinken. Durch die Einschränkungen wollte die Landesherrschaft auch die Sparsamkeit der Bevölkerung fördern. Es war Eggerik Beninga, der in dieser Hinsicht zum Ausdruck brachte, dass es nicht angehen könne, dass Bauern, die Butter und Käse auf den Märkten anboten, das verdiente Geld im Wirtshaus vertranken, so dass sie ohne Verdienst wieder nach Hause gingen, wo ihre Ehefrauen und Kinder deswegen Hunger leiden mussten.

Es war der Landesherrschaft nicht unbekannt, dass der übermäßige Alkoholkonsum in Ostfriesland vor allem im Rahmen von Familienfesten vonstatten ging. Drei Ereignisse führten besonders zum Missbrauch: Geburt („Kindelbier") und Taufe, Hochzeit sowie Beerdigung einer Person. Die Landesherrschaft wollte hier regelnd eingreifen, damit bei diesen drei Feierlichkeiten nicht übermäßig getrunken wurde. Bei Taufen in den Häusern der wohlhabenden Einwohner und Erbeingesessenen durften nicht mehr Gäste eingeladen werden, als an zwei viereckigen Tischen der gewöhnlichen Art Platz fanden.

In Sterbefällen gab es in der Regel das sogenannte „Tröstelbier", um den Kummer und Verlust besser zu verarbeiten oder für eine gewisse Zeit zu vergessen. Ungeladene Gäste durften dazu nicht mehr erscheinen und auch der Aufenthalt im

Sterbehaus wurde in der Verordnung wegen der früheren Trinkauswüchse begrenzt auf zwei Stunden.

Die Anordnungen der Gräfin Anna werden dazu geführt haben, dass der Alkoholmissbrauch nicht mehr so oft Anlass zu Klagen gegeben hat. In bestimmten Kreisen kam es aber immer wieder zur Unsitte der übermäßigen Trinkgelage. Vor allem in betuchten Kreisen und zu besonderen Anlässen ließ man sich hohe Mengen an alkoholischen Getränken liefern, die dann im Übermaß konsumiert wurden. So ist zum Beispiel über die Hochzeitsfeierlichkeiten von Fürst Enno Ludwig im Jahr 1656 berichtet worden, dass den Festgästen Unmengen an Bier, Branntwein und Rheinwein zur Verfügung standen, die im Verlauf der Festlichkeiten tatsächlich alle getrunken worden sind.

Ärgernisse für die Landesherrschaft entstanden auch immer wieder durch die mit Zechereien verbundenen Klootschießerwettbewerbe in Ostfriesland. Vor allem die vielen Beschwerden von Predigern führten schließlich in der Regierungszeit von Georg Albrecht (1690-1734) zu einem Verbot des Klootschießens in Ostfriesland und im Harlingerland. Schriftliche Unterlagen aus dem Jahre 1731 berichten von den „üblen Gewohnheiten", die mit dem Klootschießen verbunden waren. Es ist da die Rede von einer „Unordnung mit Saufen, Fressen, Schelten, gräulichem Fluchen und schwerem Schlagen und Verwunden". Georg Albrecht drohte den Klootschießern in dem ausgesprochenen Verbot Geldstrafen von 20 Goldgulden pro Person an, falls Klootschießerwettbewerbe durchgeführt wurden.

Mit dem Missbrauch des Alkohols waren nicht selten auch dramatische und tödlich endende Ereignisse verbunden, die in den schriftlichen Unterlagen der Behörden Eingang fanden und somit als Nachrichten bis heute erhalten geblieben sind. Ein besonders trauriges Ereignis passierte in dem Zusammenhang im Herbst des Jahres 1728, als der Kaufmann W. Cleer, der Unteroffizier Groeneveld und der Korporal Pollak in einem Gasthaus der Stadt Leer mit einem Einwohner namens Jürgen Knopfmacher zusammentrafen. Knopfmacher hatte mit seinem Boot zwei Personen nach Jemgum gebracht und wollte auf der Rückreise in dem Gasthaus ein Glas Branntwein zu sich nehmen. Da er aber kein Geld hatte, bat er die drei Herren, ihm ein Glas zu spendieren. Er prahlte mit seiner Trinkfestigkeit und behauptete, wohl 16 Gläser und sogar eine ganze Kanne Branntwein austrinken zu können. Kaufmann Cleer bot dem Prahlhans an, ihm eine nicht unbeträchtliche Menge Genever zu spendieren, wenn er den Schnaps in 1 ½ Stunden austrinken würde. Knopfmacher trank den Genever tatsächlich aus, aber überhastet und in wenigen Minuten bis auf einen kleinen Rest. Die drei anderen Gäste und weitere Augenzeugen waren entsetzt und glaubten zunächst, dass die Wirtin dem Trinker nur Wasser gegeben habe. Als Knopfmacher dies wahrnahm, wurde er böse, trank den Rest Genever auch noch verärgert aus und stopfte sich anschließend seine Pfeife. Dann brach er aber zusammen und wurde wenig später von seinen sogleich informierten Familienmitgliedern abgeholt und nach Hause gebracht.

Dort flößte man ihm süße Milch ein, um ihn zum Erbrechen des Alkohols zu bringen. Das gelang jedoch nicht, der Mann wurde ins Bett gelegt und die Familie ging davon aus, dass Knopfmacher so seinen Rausch ausschlafen würde. Er erlangte jedoch sein Bewusstsein nicht wieder und verstarb am nächsten Tag.

Den Behörden mussten plötzliche Todesfälle oder Unglücksfälle mit tödlich Verunglückten umgehend gemeldet werden. Man wollte feststellen, ob nicht bestimmte Personen bei den dramatischen Ereignissen nachgeholfen hatten und ein Verschulden der Personen vorlag. Der zuständige Amtsvogt Bruns und ein Gerichtsdiener begaben sich in das Haus des Verunglückten, um Einzelheiten zu dem Sachverhalt zu erfragen. Mit den ersten Informationen der Familienmitglieder des

Knopfmachers ging es weiter in die Wirtschaft der Witwe Goldswerd, um dort die Untersuchungen fortzuführen und den tatsächlichen Hergang des Trinkgelages zu erkunden.

Da der Familienvater anscheinend aufgrund des Trinkens gestorben war, wurde der Arzt Dr. Wilkens beauftragt, die genaue Todesursache zu untersuchen. In diesem Fall war aber eine Obduktion der Leiche nötig und Dr. Wilkens zog den Barbier (in der Krankenpflege tätige Person) Kühn und den Chirurgen (Wundarzt mit meist handwerklicher Ausbildung) Nyburg hinzu, denn er war nicht bereit, die blutige Arbeit selbst zu übernehmen. Für Doktoren der Medizin war die Leichenschau zu der Zeit eine Arbeit unter ihrem Niveau und deswegen wurden gewöhnlich vor allem die Barbiere damit beauftragt. Die beiden Männer gingen umgehend an die Arbeit, nachdem sie vereidigt worden waren, wie es die gesetzlichen Bestimmungen erforderlich machten.

Das Ergebnis der äußeren Visitation ergab, dass die Haut des Toten mit blauen Flecken übersät war und dass besonders die Enden der Gliedmaßen und die Nägel verfärbt waren. Bereiche im Innern des Körpers waren gerötet und schienen angeschwollen zu sein. Ansonsten ergab die Leichenschau nichts Besonderes. So konnte der Leichnam zur Beerdigung freigegeben werden.

Weil aber der Jürgen Knopfmacher im Zustand der Sünde gestorben war, verfügte die Kirchenbehörde in einem Dekret an die Hinterbliebenen und Anverwandten des „an unmäßigem Saufen" Gestorbenen, dass die Familie bei Androhung einer Strafe von 20 Goldgulden den Leichnam nur zur Abendzeit und in aller Stille sowie ohne Geläute, Gesänge und Gefolge an einem separaten Ort auf dem Friedhof begraben lassen durfte. Sogar der Prediger und der Kirchvogt hatten sich bei Androhung einer Strafe in gleicher Höhe danach zu richten. So geschah es, und der reformierte Pastor Welp konnte der Kirchenbehörde schriftlich melden, dass „der von Sauffen gestorbene Knopfmacher gestern Abend um 6 Uhren ohne einiges Gefolge an der Süd-West-Seite unseres Kirchhoffs außer der Ring-Mauer begraben worden" sei. Es sei gut, dass man „an solchen gottlosen Menschen" ein Exempel statuiert habe.

Die Behörden gaben auch nach der Beerdigung keine Ruhe und ließen alle Anwesenden bei dem Unglücksfall in der Gaststube noch einmal am Ort des tödlich endenden Vorfalls versammeln. Die Vernehmungen bestätigten einvernehmlich den Hergang des Geschehens. Der Kaufmann Cleer berichtete in einem Schreiben an die Landesherrschaft von dem Ablauf des Unglücks und gab auch zu, dass er den fraglichen Genever spendiert hatte. Er bat die Behörden, ihm das nicht zur Last auszulegen, denn er habe dem Knopfmacher geraten, den Schnaps in einem Zeitraum von mehr als einer Stunde auszutrinken. Cleer habe nicht voraussehen können, dass Knopfmacher den Branntwein in einem Zug austrinken würde. Keiner der Anwesenden war so schnell in der Lage gewesen, den Trinker daran zu hindern. Es sei darüber hinaus doch keineswegs ein Verbrechen gewesen, dass er dem Knopfmacher ein paar Gläser Branntwein spendiert habe. In Gaststuben sei es ja generell üblich, andere Gäste manchmal zum Trinken einzuladen. Cleers damalige Tischnachbarn in der Gaststube bestätigten, dass der Kaufmann an dem besagten Oktobertag seinen Unwillen über das unübliche und gefährliche Trinkverhalten des Knopfmachers zum Ausdruck gebracht hatte.

Daraufhin kam die Frage nach der Übernahme der angefallenen Kosten auf. Allein die Kosten für die Untersuchung und die Obduktion durch den Arzt und die Barbiere beliefen sich auf mehr als 26 Gulden. Gewöhnlich mussten die Kosten von der Familie des Verstorbenen übernommen werden. Eine Begutachtung ergab aber, dass die Witwe des Knopfmachers völlig zahlungsunfähig war. Mehrere gut beleumundete Nachbarn der Familie bestätigten, dass die Trauernde noch zwei unmündige Kinder zu versorgen hatte, so dass sie wahrscheinlich als alleinstehende Frau in große Armut geraten und mittelfristig der Armenpflege zur Last fallen würde.

Der Kaufmann Cleer wurde daraufhin mit Urteil vom 31. Januar 1729 zu einer Strafe von 25 Goldgulden verurteilt, weil er das Trinkgelage veranlasst hatte. Alle anderen angefallenen Kosten, die nicht unerheblich waren, sollte er auch übernehmen. Den Behörden war wahrscheinlich nicht recht wohl bei der Entscheidung und man bot Cleer wenige Tage später an, dass Urteil abzuändern und auf insgesamt 50 Goldgulden zu begrenzen. Wenn er die Strafe annehmen würde, wollte man das Urteil nicht öffentlich machen. Eine Publikation wäre für den Kaufmann einer Rufschädigung gleichgekommen. Cleer entschied sich zur Annahme der Strafe und bezahlte zunächst im Februar 1729 die Hälfte der Strafe. Die Restsumme wurde ihm später erlassen.

Das oben beschriebene Beispiel für den Missbrauch des Branntweins verdeutlicht, dass die Beschränkung des Branntweingenusses auf die Oberschicht sich ab dem 17. Jahrhundert gelockert hatte. Der Konsum von destilliertem Alkohol wurde immer mehr auf wohlhabende Bürger der Städte und weiter auf die ländlichen Oberschichten ausgedehnt und noch um 1700 in das Trinkverhalten der städtischen und später auch der ländlichen Unterschichten integriert.

Menschen im Moor

Seine Kinder Esse, Hange und Koncke waren jetzt neun, sechs und drei Jahre alt und er musste sich überlegen, wie es für die Familie weitergehen sollte. Siebelts Ehefrau Antje befand sich wieder in anderen Umständen. Allein mit Tagelohn auf den Höfen der Region waren die Frau und die Kinder nicht satt zu kriegen. Es gab auch nicht so viele Arbeitsmöglichkeiten auf den Bauernplätzen mehr, weil viele Männer eine Tätigkeit als Landarbeiter suchten. Siebelt Hangen war 35 Jahre alt und er träumte schon länger von der eigenen Scholle für sich und seine Lieben. Sein Vater Hange Siebelts war Erbeingesessener und Besitzer eines 4tel Heerdes (kleinere Bauernstelle, auch als Warfsstelle bezeichnet) in Theene in der heutigen Landgemeinde Südbrookmerland gewesen. Nach dem Tod des Vaters im Jahre 1745 hatte sein Bruder Harm die Stelle übernommen und Siebelt musste zusehen, wie er klar kam. Er überlegte hin und her. Da gab es doch seit einem Jahr dieses neue Edikt des preußischen Königs Friedrich, der in Ostfriesland seit 1744 das Sagen hatte. Vielleicht ergab sich dadurch eine Chance und neue Lebensperspektive.

Dieses sogenannte Urbarmachungsedikt, erlassen am 22. Juli 1765, besagte, dass grundsätzlich die Moore in Ostfriesland, soweit sie sich nicht in Privatbesitz befanden, Eigentum der preußischen Krone seien. Mit dieser Maßnahme wollten die Behörden eine Nutzung und Urbarmachung der wüsten Heideflächen und Moore beginnen. Damit war der Weg auch für eine Besiedlung und Kultivierung der Moore bei Theene und dem Nachbarort Ekels frei. Als der preußische Staat anfing, sich in die Eigentumsverhältnisse der ostfriesischen Moore einzumischen, war das Engagement ganz von fiskalischen Motiven bestimmt. Das Edikt führte zu zusätzlichen Einnahmen des Staates, weil von den Kolonisten eine Erbpacht verlangt wurde. Gleichzeitig richtete es sich gegen die alteingesessenen Bauern, die aufgrund des alten ostfriesischen Aufstrecksrechts aus Sicht der preußischen Behörden zu große Moorflächen für sich zum Plaggenhauen, Torfstechen und zur Beweidung mit ihrem Vieh beanspruchten. Bei der Vergabe der Landzuteilungen an die Kolonisten ging die zuständige Auricher Behörde, die Kriegs- und Domänenkammer, von dem Standpunkt aus, dass ein Siedler nur soviel Land bekommen sollte, wovon er nach einigen Freijahren auch die Erbpacht bezahlen konnte. Die Kammer war der Ansicht, dass man in Ostfriesland hauptsächlich darauf achten musste, den einheimischen Familien zu einem kleinen Warfshaus zu verhelfen. Darauf würde sich die Kultivierung der Wildnisse wie von selbst ergeben, weil die Moorbauern sich ihren Lebensunterhalt zwangsläufig durch den Anbau von Buchweizen auf den Mooren und andere landwirtschaftliche Tätigkeiten verdienen müssten.

Siebelt ließ sich tatsächlich eine kleine Stelle zum Hausbau und zur Anlegung eines Gartens von den Behörden zumessen. Es war ein Platz in der Größe von etwas mehr als einem halben Hektar im Randbereich des Moores und der alten Ortschaft Ekels. Die Viehtrift durch die alteingesessenen Bauern wurde nicht beeinträchtigt, so dass sich zunächst niemand über die Ansiedlung aufregte.

Im November 1767 ließ sich auch Frerich Janssen, ein 46 Jahre alter Familienvater und ein Schwager von Siebelt Hangen, Moorflächen in einer Größe von etwas mehr als einem halben Hektar hinter dem Land von Siebelt zumessen. Die Vermessung wurde öffentlich vorgenommen, aber keiner der Alteingesessenen empörte sich zum Glück der Siedler darüber.

Das änderte sich aber im Frühjahr 1769; die Kultivierung nahm an Intensität zu, weil sich gleich mehrere Ansiedler um Land bewarben. Da war der Ekelser Albert Garrels, frisch verheiratet und ein 26jähriger Landarbeiter, der einen halben Hektar Land für eine Hausstelle forderte. Reemt Janssen beantragte sogar ein etwa 1 ½ Hektar großes Landstück, von den Alteingesessenen auch „Vossebarg" genannt. Frerich Janssen bewarb sich nochmals um etwa einem Hektar Unland unweit seiner Hausstelle. Dann kam auch noch Casper Dreeßen, der gleich mehr als sieben Hektar Land zum Hausbau und zur Kultivierung forderte. Casper war 46 Jahre alt, ein rühriger und fixer Mann, der als Arbeitsknecht gearbeitet, ein Warfshaus in Theene bewirtschaftet, aber auch Berufserfahrungen als Leineweber und sogar als Krämer hatte. Er ahnte wohl schon, dass mit den Ansiedlungen im Moor bald ein ganz neues Dorf entstehen könnte. Casper hatte eine große Familie, seine Frau Mareke hatte ihm insgesamt zehn Kinder geschenkt. Zwei Kinder waren allerdings schon in jungen Jahren gestorben, was im 18. Jahrhundert nichts Ungewöhnliches war. Seine jüngste Tochter Anna war fünf Jahre alt, als die Familie sich ihre Behausung abgelegen von Theene im Leegmoor an einem Weg errichtete, der nordwärts zum Hochmoor führte. Dieser Weg wurde später der „Weg nach Ekels" (heute: Ekelserstraße) zwischen der neu entstehenden Kolonie und Moordorf. Er endete um 1770 aber bereits am heutigen Ortseingang von Süd-Victorbur. Ab dort begannen das Hochmoor und die „Morasten". Es gab auch noch keine Verbindung zum späteren Hinter-Theene („Schafshöchte").

Die Hausstelle von Dreeßen ist der Platz des dort um 1960 bestehenden Kolonialwarengeschäftes von Hinrich Uden gewesen. Dieses Haus stellte später quasi das Zentrum der neuen Kolonie hinter Ekels dar.

Das umliegende Terrain war um 1770 ein riesiges Hoch- und Leegmoorgebiet zwischen den alten Dörfern Extum, Westerende, Wiegboldsbur, Theene und dem kleinen Ort Ekels. Im Norden verlief ein Heer- und Postweg durch das Moor und verband die Orte Walle und Victorbur. An diesem Weg entstand die Kolonie Moordorf.

Die Ansiedlung von Dreeßen brachte Unruhe in dortiger Gegend mit sich. Für die Alteingesessenen war die Toleranzgrenze erreicht. Sie protestierten bei den Behörden, weil die Siedler ihnen ihre Gemeindeweide streitig machten. Mit Aussagen von mehreren Zeugen taten sie kund, dass sich die Dörfer Theene und Ekels seit etwa 200 Jahren im Besitz des neuen Siedlungsterrains („Wilde" genannt) als Gemeindeweide befinden würden. Trotzdem hätten sich mehrere Kolonisten erlaubt, von dem Terrain etwas für sich zu kultivieren. Dieses Vorgehen sei doch sicher nicht erlaubt. Die Alteingesessenen hielten es für möglich, dass sich die Siedler eventuell durch falsche Angaben bei den Behörden eine Erlaubnis zur Ansiedlung erschlichen hätten. Die Theener und Ekelser Bauern sahen sich durch den Verlust der Ländereien in die größte Verlegenheit gesetzt. Sie seien gezwungen einen Teil ihres Viehs abzuschaffen. Dieser Schritt würde zukünftig aber dazu führen, dass sie ihre bisherigen Steuerlasten nicht mehr tragen konnten.

Dieses letzte Argument der Alteingesessenen war klug gewählt und rief die Behörden umgehend auf den Plan. Man schickte Beamte ins Moor, um die Angelegenheit zu untersuchen. Dort wurden sie bereits von Bewohnern der alten Dörfer erwartet. Das ganze Dorf schien auf die Beine gekommen zu sein, um sich über die vermeintlichen Eingriffe in ihre Gemeindeweide zu beschweren.

Die Lokalbeamten stellten fest, dass das betreffende Terrain sehr „mageres" Heidefeld und teilweise von sehr geringem Nutzen sei. In der Gegend des sogenannten „Vossebarges" war das Land besser und es könne davon gutes Ackerland gemacht werden. Dieses Feld benutzten aber die Eingesessenen von Ekels als Weideland. Hinter diesen Weideflächen begannen im Süden die Theener Moräste, die zum Teil auch von den Ekelsern beweidet werden konnten. Dafür bezahlten sie den Theenern eine Pacht. An der Ostseite des Terrains beanspruchten die Bauern Hinrich Harms und Harm Haren Harms aus Victorbur die Aufstreckungen. Die Ekelser besaßen allein die zur Diskussion stehenden Heidefelder, die jetzt von den Siedlern beansprucht wurden. Wenn ihnen nur die Viehweide auf den Theener Morästen blieb, konnten sie zukünftig tatsächlich nur noch die Hälfte ihres Viehbestandes ernähren. Darüber hinaus hatten die Theener Moräste auch nur einen moorigen Boden und standen nach starkem Regen immer unter Wasser, so dass sie nicht als Viehweide genutzt werden konnten. Das wenige Grünland, das vor den Häusern der Ekelser lag, war ganz und gar nicht ausreichend für ihr Vieh. Allerdings konnten diese Leute keinen anderen Eigentumsbeweis an dem Terrain vorlegen als ihre langjährige Nutzung des Gebietes sowie die darauf lastenden und von ihnen zu zahlenden Abgaben.

Anscheinend halfen die Proteste der Alteingesessenen nichts; die Besiedlung des Gebietes durch Kolonisten ließ sich nicht mehr aufhalten.

Den ersten Moorbauern folgten bald weitere Siedler in die raue und unwirkliche Landschaft. Da war der Weber Johann Caspers, ein verheirateter 28 Jahre alter Mann, der 27 Jahre alte Zimmermann Frantz Peters, der Gerichtsdiener Peter Jacobs, ein 55jähriger Siedler und Vater von Frantz Peters, der junge Landarbeiter Lübbe Peters im Alter von erst 20 Jahren und der Leinenweber Bernd Caspers, der bereits 68 Jahre alt war.

Alle kamen aus Nachbardörfern und siedelten überwiegend an dem Weg, der von der heutigen Ortsmitte der gerade neu entstehenden Kolonie nach Theene führte (heute: Theener Straße). Von diesem Weg verlief noch ein alter „Kuh-Pfad" in das Leegmoor (heute: Krummer Weg).

Die Siedler hatten natürlich für ihre Ländereien nach ein paar Freijahren eine Erbpacht an den preußischen Staat zu zahlen und auch für das Moorbrennen und den Buchweizenanbau auf den Mooren musste eine „Brandheuer" entrichtet werden.

Für die Hausstelle bezahlten sie in der Regel jährlich ein Huhn und 20 Eier. Für das Land waren pro Diemat (ca. ½ Hektar) 13 Schaf und zehn Witten, das war ein halber Reichstaler, fällig.

Wie stellte man sich in den Anfängen die Bewirtschaftung des Siedlungslandes vor, und wie konnten die Kolonisten den Lebensunterhalt für ihre Familien erwirtschaften? Die staatlichen Stellen verbanden mit dem Erlassen des Urbarmachungsedikts die Hoffnung, neue bäuerliche Stellen zu gründen, die auf zügig zu kultivierenden Moor- und Heideflächen landwirtschaftliche Nahrungsquellen wie Vieh- und Ackerwirtschaft aufwiesen. Der Brandfruchtbau sollte lediglich in der Anfangsphase zur Erschließung der Moore dienen. Das auch als Moorbrandkultur bezeichnete Kultivierungsverfahren auf dem Hochmoor war in der Durchführung recht einfach. Die Moorbauern hackten im Spätherbst die oberste Erdschicht auf, zündeten diese im Frühjahr an und säten nach dem Erlöschen des Feuers in die noch warme Asche, die als Dünger genutzt wurde, den Buchweizen. Diese Weizenart brachte, wenn vor allem die Witterungsbedingungen gut waren, so reiche Erträge, dass vielfach die Kultivierung der Erbpachtsflächen von den Siedlern vernachlässigt wurde.

Die Kolonisten betrieben diese Art einer Moorbauernwirtschaft wahrscheinlich so lange es eben ging. Nach einigen Jahren war der Boden allerdings ausgezehrt; dann ließ man die Flächen, nachdem sie noch eine Zeit lang als Viehweide gedient hatten, mehrere Jahrzehnte ungenutzt liegen. Diese Art des Wirtschaftens musste Probleme nach sich ziehen, denn die Moorflächen waren in dem Gebiet zwischen den alten Dörfern begrenzt. Es stellt sich die Frage, warum bäuerliche Viehwirtschaften in vielen Moorsiedlungen zurückblieben. Es fehlte einerseits an gutem Weideland, das Vieh lief auf der Suche nach Futter weit auf den Heideflächen herum, und damit ging auch der wertvolle Dünger verloren. Durch die fehlende Düngung blieben die eigentlichen Kulturflächen der Siedler mangelhaft.

Im Winter lebten zahlreiche Kolonisten wahrscheinlich vor allem vom Spinnen. Torfgraben zum Verkauf des Brennstoffs war eher selten. Es fehlten geeignete Wege zum Abtransport des Torfes in größeren Mengen und natürlich die dafür notwendigen Gespanne.

Das Gebiet, das die ersten Siedler bewohnten, bezeichnete man bald als „Colonie hinter Ekels" oder auch als „Colonie Eckels".

Die Behausungen der ersten Siedler waren nicht mehr als einfache Hütten. Sicherlich gab es auch schon Unterschiede. Ein Kolonist wie Casper Dreeßen, der wahrscheinlich durch seine früheren beruflichen Tätigkeiten etwas Geld angespart hatte, war eher in der Lage, sich Baumaterialien zu kaufen als ein Siebelt Hangen, der bisher lediglich als Tagelöhner gearbeitet und von der Hand in den Mund gelebt hatte.

Siebelts Behausung war tatsächlich nur eine Hütte aus Moorsoden. Es gab für diese Kolonisten des 18. Jahrhunderts keine Bankkredite oder Bausparverträge, wie man sie heute kennt. Siebelts Lage war im Frühjahr des Jahres 1771 einfach zum Verzweifeln. Er wandte sich in seiner Not an die Behörden und bat darum, ihm die früher zugesicherten Freijahre auf die zu leistenden Abgaben um sechs Jahre zu verlängern. Diese Bitte begründete er mit seinen schwierigen Vermögensumständen. Die Vorbereitungen der Kultivierung seines Landes und ständige Ausbesserungen an seiner Behausung hatten seine Barmittel aufgebraucht. Er wollte zunächst all seinen Fleiß darauf richten, den Zustand von Land und Haus zu verbessern, um dann auch zukünftig seine steuerlichen Lasten nach Recht und Schuldigkeit zu begleichen.

Eigentliche Ursache von Siebelts Mittellosigkeit waren wahrscheinlich Viehseuchen, die in den Jahren zwischen 1769 und 1771 zweimal wüteten und vielen Kolonisten stark zugesetzt hatten.

Der Präsident der Kriegs- und Domänenkammer, Peter von Colomb, und Kriegsrat Schomer befanden, dass es aufgrund der schlechten Lebensumstände und der geringen Bodenqualität seiner angenommenen Landflächen wirklich gerechtfertigt sei, dem Antragsteller Hangen die Freijahre um weitere sechs Jahre auf die bestehenden Abgaben für Hausstelle und Landflächen zu verlängern.

Mit dem Generallandschulreglement von 1763 war die allgemeine Schulpflicht in ganz Preußen für das 5. bis 13. Lebensjahr eingeführt worden. Die Kinder der Kolonisten besuchten daher die Schule im benachbarten Dorf Theene. Dafür mussten die Eltern ein Schulgeld an den dortigen Schulmeister entrichten. Auch Siebelt Hangen schickte seine Kinder einige Jahre in den Unterricht des Theener Schulmeisters Berend Janssen Jaucken. Das Schulgeld bezahlte er soweit, wie seine Kinder tatsächlich am Unterricht teilnahmen. Zeitweise war dies nicht möglich, weil seine Armut es unmöglich machte. Wahrscheinlich hatte er Schwierigkeiten, seine Kinder zumindest notdürftig zu bekleiden. Oft hielten auf dem Lande aber Eltern ihre Kinder auch zu Hause, weil der Nachwuchs bei der Feldarbeit helfen musste. Jaucken forderte für die Fehlzeiten trotzdem das Schulgeld von Siebelt. Am Jahresende 1779 unterrichtete der Schulmeister zwar schon eine längere Zeit im Amt Norden, trotzdem bestand er noch auf das Geld, das Siebelt ihm aus seiner Sicht schuldete. 29 Gulden und sechs Schaf (27 Schaf=1 Reichstaler) standen zu Buche. Siebelt konnte diese Summe nicht aufbringen. Er hatte zwar seinem Bruder Harm eine junge Kuh verkauft, verbrauchte aber das Geld, um seine Moorsodenhütte auszubessern und um seine Familie zu bekleiden.

Es kam zu einem Verhör im Amtsgericht Aurich und dort wurde festgestellt, dass der Beklagte Hangen bisher völlig unvermögend gewesen sei, das Schulgeld zu entrichten. Man überlegte, ob nicht die Armenkasse der Kirchengemeinde Victorbur, die für die Familie Hangen zuständig war, anzuweisen sei, für das Schulgeld aufzukommen. Generell sei es schwierig, die Siedler in den Kolonien nach dem genauen Wortlaut des Schulreglements zu behandeln. Siebelt Hangen wurde letztendlich verpflichtet, dem früheren Lehrer seiner Kinder zumindest die Hälfte der eingeklagten Gelder zu bezahlen.

Ein sehr großes Problem war es für die meisten Kolonisten in den Moor- und Heidegebieten ein ordentliches Haus für ihre Familien und ihre Bauernwirtschaft zu errichten. 1770 hatten die Behörden den Siedlern Bauhilfsgelder versprochen. Nach dem Wortlaut eines Erlasses, der von den Kanzeln der Kirchen verlesen worden war, sollten Ostfriesen 25 Reichstaler und auswärtige Siedler 40 Reichstaler als eine Bauprämie ohne jede Bedingung bei ihrer Niederlassung im Moor bekommen. Bald wurde die Auszahlung der Prämie jedoch an die Bedingung geknüpft, die fertig gestellten Häuser müssten den vierfachen Wert der Prämie haben. Damit hatten die Kolonisten eigentlich gar keine Möglichkeit mehr, in den Besitz der Gelder zu gelangen, weil die von ihnen erbauten Behausungen den vorgeschriebenen Wert in den meisten Fällen nicht annähernd erreichten. Man gewinnt den Eindruck, dass die Kammer mit dem Versprechen auf Bauprämien anscheinend Siedler in die abgelegenen Moorgegenden locken wollte und die Gelder dann doch nicht zahlte.

Diese Erfahrung musste auch Jann Friedrich Harms im Jahre 1781 machen. Harms ließ sich Jahre vorher auf einem Stück Wildland hinter Theene nieder, wollte das Land kultivieren und ein brauchbares Haus darauf bauen. Dann war er krank geworden und die Pläne gerieten ins Stocken. Er verarmte dadurch ganz und wollte 1781 die Aufhebung seines Pachtvertrages erwirken. Falls er jedoch die Bauprämie erhalten könne, sah er noch Hoffnung, seine Pläne als Moorbauer zu vollführen. Der Rentmeister Tannen bestätigte, dass Harms lange krank gewesen sei. Über sein Betragen ließ sich nichts Negatives sagen. Harms war demnach ein fleißiger Mann, der gerne voran wollte. Der Siedler besaß zwei Kühe und es bestand grundsätzlich die Hoffnung, dass er das Unland nach und nach urbar machen würde. Von seinen Landflächen hatte er bislang lediglich die ¼ Hektar große Haus- und Gartenstelle kultiviert. Die Vermögensumstände beurteilte Tannen aber als äußerst schlecht. Tannen bot sich an, dafür zu sorgen, dass die Bauprämie bei Auszahlung an Harms tatsächlich zum Hausbau und zur Bezahlung von Baumaterialien verwendet wurde. Die Aufhebung des Pachtvertrages sei nicht ratsam, weil es schwierig werden würde, das Land an einen anderen Kolonisten zu verpachten.

Die Entscheidung der Kriegs- und Domänenkammer in Aurich lief darauf hinaus, dass der Antrag zur Aufhebung des Pachtvertrages abgelehnt wurde, es sei denn, Harms könnte einen anderen Interessenten für sein gepachtetes Land nennen. Bauhilfsgelder konnte Harms nicht bekommen, weil sein Haus nicht den Mindestwert von mindestens 100 Reichstalern hatte. Damit war der Fall für die Behörden erledigt und Harms musste zusehen, wie er zurechtkam.

Im März 1784 versuchten es noch einmal neun Kolonisten zusammen, die Baugelder zu bekommen. Frühere Anträge der Siedler waren alle abgelehnt worden, weil die Behausungen der Männer nicht den vorgeschriebenen Wert hatten. Sie hofften auf das Verständnis der königlichen Behörden und beschrieben ihre traurige Lage: „Der Mißwuchs im vorletzten, besonders aber im vorigen Jahr, da wir bekannter Maßen nichts von unser Land zum Unterhalt eingeerntet haben; der Verfall unserer Häuser, und der große Mangel der unsrigen dringen uns jetzt, um die ausgesetzten Bauprämien abermals flehentlich zu bitten. Mitleiden verdienen wir, und die Baugelder müssen uns angedeihen, um ohne unsern völligen ruin, die Häuser zu reparieren, das Land zu bearbeiten, und Saat-Korn dazu anzuschaffen, weil widrigenfalls das Land öde liegen bleiben, und wir sodenn mit den Unsrigen verhungern müssten." Niemand ließ sich von den Ausführungen der Kolonisten beeindrucken. Im Bescheid dazu hieß es, die Höhe der Erbpacht für die Ländereien der Siedler sei zu gering und es fehlten den Männern die bekannten Voraussetzungen.

Trotz aller Widrigkeiten, trotz Missernten, Viehseuchen und Ungerechtigkeiten einer spätabsolutistischen Gesellschaft schenkte das Schicksal vielen dieser ersten Moorbauern in der Kolonie hinter Ekels und Theene ein langes Leben. Casper Dreeßen wurde 80 Jahre alt und starb an einer „Brustkrankheit", seine Mareke wurde sogar 84 Jahre und ihr Leben endete „Alters und Schwachheitshalber". Casper und Mareke waren fast 60 Jahre miteinander verheiratet. Das war im 18. Jahrhundert höchst selten und fand in den Kirchenbüchern der Gemeinde Victorbur besondere Erwähnung. Siebelt Hangen wurde 70 Jahre und verschied an der „Wassersucht", seine Antje erreichte sogar ein Alter von 84 Jahren, auch sie starb „Alters und Schwachheitshalber".

Es ist kaum zu verstehen, dass zahlreiche dieser Kolonisten unter den geschilderten Lebensbedingungen ein so hohes Alter erreichten. Die Quellen geben uns zu den Daten und zu vielen anderen Bereichen ihres Lebens genaue Informationen. Über die Gedanken und Gefühle erfahren wir dagegen nichts.

Wie muss es für die Männer gewesen sein, in die Gesichter ihrer oft hungrigen Kinder zu blicken? Was dachten und empfanden die Frauen, die auf den primitiven Lagern in den Sodenhütten der Anfangsjahre ihre Leibesfrucht in ein hartes und entbehrungsreiches Dasein pressen mussten. Die Verhältnisse in den Kolonisten-hütten waren tatsächlich noch erbärmlicher als in dem Stall von Bethlehem mit der Krippe und dem Jesuskind darin.

Aber das Rad der Geschichte dreht sich weiter und weiter. Und so wurden auch die Kinder von Antje Rolfs und Siebelt Hangen eines Tages erwachsene Menschen und gründeten eigene Familien. Die Söhne Hange, Konke, Johann und Rolf nahmen unter der Herrschaft Napoleons, als die Ostfriesen feste Familiennamen wählen mussten, den Namen Wienekamp an.

Siebelt Hangen (Wienekamp), der aus einer uralten Theener Bauernfamilie hervor-ging, wurde Stammvater eines großen Sippenverbandes in Ostfriesland.

Der Namenforscher Rudolf Zoder geht davon aus, dass der Name Wienekamp ein Örtlichkeits- oder Flurname ist, den man zu Wie(d)enkamp und Weidenkamp ver-schliffen hat. "Kamp" ist ein eingegrenztes Feldstück bzw. eine Wiese. Weide weist auf den Baum Weide hin. Bei der Weidenwiese handelt es sich also um den Ort, an dem ein Vorfahre der Familie gelebt hat. Der Flur- oder Örtlichkeitsname ist dann nach 1800 zum Namen für die ganze Familie gewählt worden.

Die Kolonie hinter Ekels weitete sich im 19. Jahrhundert immer mehr aus. Menschen kamen dazu, andere verließen den Ort. Irgendwann bekam die Kolonie einen ei-genen Namen. In einem Schreiben zweier Siedler vom Dezember 1783 fällt bereits der Name „Neu-Ekels" für diese Kolonie. Neu-Ekels ist heute ein Ort, der zum Ge-meindeteil Theene in der Landgemeinde Südbrookmerland gehört.

Landwehrmänner

Seit Frühjahr 1813 folgte auf den gescheiterten Russlandfeldzug Napoleons der Zerfall des napoleonischen Machtgebäudes in Europa. In Ostpreußen hatte sich das preußische Kontingent unter Generalleutnant von York mit russischen Truppen verbündet und marschierte in Richtung Nordwesten. Schon im März 1813 veranlassten die Nachrichten vom preußischen Bruch mit Napoleon und vom russisch-preußischen Bündnis Aufstandsaktivitäten in Norddeutschland. Unruhe flackerte aus dem Oldenburgischen ins östliche Ostfriesland hinüber. Truppen der gegen Frankreich verbündeten Mächte erreichten im späteren Herbst 1813 Ostfriesland. Die rund 800 in Aurich stationierten französischen Soldaten flüchteten am 8. November 1813 vor heranrückenden russischen Truppen in Richtung Leer. Das Land war einige Tage später frei von den Franzosen. Offiziell wurde es am 17. November wieder für den König von Preußen in Besitz genommen. An dem Tag marschierte ein Bataillon von 560 preußischen Soldaten unter der Führung des Majors Karl Friedrich Friccius in Aurich ein.

Als Befreier wurden die Soldaten angesehen und begeistert empfangen. Es läuteten die Glocken und Ehrenbögen sowie Fahnen schmückten die Straßen. Friccius hatte einen besonderen Auftrag. Der Major sollte Ostfriesland wieder in den Besitz der preußischen Krone bringen und deswegen die französische Verwaltung ablösen. Darüber hinaus wollte man eine provisorische Verwaltung mit Einheimischen einsetzen, die loyal zur preußischen Krone standen.

Es war jedoch das wichtigste Ziel, eine ostfriesische Landwehr aufzustellen, die die vielleicht anstehenden Kämpfe gegen die französischen Truppen aufnehmen konnte. Am 19. November ergingen die ersten amtlichen Appelle an die wehrhaften Männer und Jünglinge Ostfrieslands, zum Dienst für König und Vaterland in die Landwehr zu eilen. Die Resonanz hielt sich allerdings in Grenzen. Das Vaterland, so hieß es in den Aufrufen, werde auch denen danken, die in der Lage seien, ihre Ausrüstung selbst zu bezahlen. Es wurde erwartet, dass jeder einen Beitrag für die große, heilige Sache leistete. Ermuntert werden sollten eigene erwachsene Kinder, Angehörige, Dienstboten und Untergebene, dieser ostfriesischen Landwehr im Kampf gegen Frankreich beizutreten. Die Landwehr wurde als „Drittes Westfälisch-Ostfriesisches-Landwehr-Infanterie-Regiment" bezeichnet.

Immerhin kamen etwa 1.000 Männer im westlichen Ostfriesland im notdürftig bewaffneten „Landsturm" zusammen. Fast ein Drittel war lediglich mit Heugabeln bewaffnet. Eine vorgeschriebene Bewaffnung gab es zunächst nicht, sondern nur gewisse Anhaltspunkte dafür. Es sollte aber jeder Reiter wenigstens mit einem Beil oder einer Pike versehen sein; das Fußvolk mindestens mit einem Beil oder einer Heugabel. Erlaubt waren alle Arten von Schießeisen mit und ohne Bajonette, Spieße, Piken, Morgensterne, Beile, Säbel, Gabeln und gerade geschmiedete Sensen. Als Munition konnte bei Ermangelung von Kugeln „jede Art von grobem Schrot" verwendet werden.

Bei der Belagerung des noch von den Franzosen gehaltenen Delfzijls wurde der Verband eingesetzt. Bald galt für alle wehrfähigen Männer zwischen 17 und 40 Jahren die Pflicht zur Landwehr. Die internen Planungen besagten, dass zwei Prozent der ostfriesischen Bevölkerung in dieser Landwehr dienen sollten. Lediglich 336 Männer meldeten sich in den verschiedenen seit Winter 1813 in Ostfriesland aufgestellten Truppeneinheiten freiwillig. Insgesamt waren es etwa 3.500 ostfriesische Soldaten, die einberufen wurden. Von der männlichen Bevölkerung in der Provinz waren dies gut 0,5 Prozent. Auch nach sieben Jahren der Fremdherrschaft und im Zeichen der „Befreiungskriege" hatte die Idee des Waffendienstes für das

„preußische Vaterland" bei den Ostfriesen keine besondere Zugkraft. Der Militärdienst war bei den Ostfriesen nach wie vor unbeliebt. Der frühere Präsident der preußischen Kriegs- und Domänenkammer, Ludwig Freiherr von Vincke, war oberster Planungschef und als preußischer Zivilgouverneur organisierte er die Aufstellung dieser Landwehr. Vor der Einberufung retteten sich viele Landwehrpflichtige außer Landes. Man setzte sich vom westlichen Ostfriesland aus vor allem ins Groningerland ab. Es wiederholte sich die Erfahrung aus der kurz zurückliegenden Zeit der französischen Aushebungen. Die betroffenen Ostfriesen unterschieden nicht zwischen Uniformen oder Vaterländer, sondern empfanden nur eine allgemeine und tiefe Abneigung gegen den Militärdienst.

An Zivilgouverneur von Vincke wandte sich bald die Auricher General-Kommission mit der Bitte, weniger Soldaten aus Ostfriesland einzuberufen. Die Männer würden als Arbeiter in der Landwirtschaft benötigt, aber auch vor allem beim Deichbau. Gouverneur von Vincke lehnte Mitte Dezember 1813 entsprechende Anträge rigoros ab. Er akzeptiere zwar die Gründe der Bittstellungen, habe aber keine Vollmacht, die Anzahl der einberufenen Ostfriesen zu senken.

Die Finanzierung der Landwehr war ein viel größeres Problem; sie benötigte ja Bekleidung und Waffen. Dies sollte eine noch einzurichtende Landwehrkasse übernehmen. Man wollte deswegen eine besondere Kriegssteuer erheben, die von den Menschen der Provinz neben der Einkommenssteuer bezahlt werden musste. Nachforschungen ergaben, dass der Altkreis Aurich damals mit etwa 58.000 Einwohnern ca. 21.000 Taler zu zahlen hatte. Die mit etwa 62.000 Einwohnern starke Stadt Emden zahlte fast 29.000 Taler.

Die Bewaffnung der ostfriesischen Landwehr verlief trotzdem schwierig und es kam zu Verzögerungen. Monate vergingen bis die Männer organisiert, ausgestattet, ausgebildet und mit Waffen versehen waren, um einsatzbereit für die zukünftigen Schlachten zu sein.

Die ostfriesische Landwehr kämpfte am 16. Juni 1815 unter starken Verlusten bei Ligny. Die Franzosen konnten diese Schlacht für sich entscheiden. Die ostfriesischen Landwehrmänner erreichten zwei Tage später den Kriegsschauplatz Waterloo, wo Napoleon endgültig geschlagen wurde.

Einer der Ostfriesen des 3. Westfälischen Landwehr-Infanterie-Regiments war der aus Esens stammende Landwirt Hajung Gerdes. Er war ein Freiwilliger und nahm am Ende des Jahres 1813 seinen Platz als Gefreiter in der 9. Kompanie ein. Gerdes war zunächst mit seinem Bataillon in Emden bei den Bürgern einquartiert und musste mit den Kameraden jeden Tag vom frühen Morgen bis zum späten Abend militärische Übungen absolvieren. Nach weiteren Stationen und Einquartierungen in Meppen, Aschendorf, wieder Emden, Ahaus und Wesel bekam er nach dem 1. Frieden von Paris Urlaub. Jetzt fing für ihn ein anderes Leben an, indem er auf die Hoffnung hin, seine Befreiung vom Militärdienst erwirken zu können, die Bewirtschaftung seines Bauernhofes übernahm. So verlebte er den Herbst des Jahres 1814 und den Winter von 1814 auf 1815 in Funnixerriege. Dann aber trat der Umstand ein, den niemand erwartet hatte. Napoleon Bonaparte entwich von Elba und landete an der französischen Küste. Wieder folgten ihm die Franzosen. Urplötzlich ging Gerdes Urlaub zu Ende. Er musste mit seinen Kameraden von Ostfriesland nach Wesel zurückmarschieren. Es rückte das erste Bataillon des dritten Westfälischen Landwehr-Infanterie-Regiments, das sich damals in Ostfriesland aufhielt, sofort zum Regiment nach Wesel ab und mit ihm die in Ostfriesland weilenden Urlauber der beiden anderen Bataillone.

Sie erhielten in Wesel alles, was zur Feldausrüstung nötig war. Am 18. April 1815 eilten sie zur französischen Grenze, wandten sich aber zunächst der belgischen Grenze zu und bezogen in Belgien Quartier. Täglich mussten sie dort zunächst bis zum 1. Juni viel exerzieren und manövrieren. Am 16. Juni schlugen sie die Schlacht bei Ligny. Dort wurden sie geschlagen und sie zogen sich nach Wavre (belgische Stadt) zurück. Einen Tag später war die gesamte preußische Armee in Wavre versammelt. Gerdes war gesund geblieben und auch nicht verwundet. Die Armee schlug am 18. Juni 1815 in Gemeinschaft mit der englischen Armee die Franzosen so hart, dass sie keinen Widerstand mehr leisten konnten. Auch diesmal hatte Gerdes Glück, unverwundet zu bleiben.

Es hieß jetzt, die Franzosen bei Tag und Nacht zu verfolgen. Zuletzt brachte Generalfeldmarschall von Blüchers Eintreffen auf dem Schlachtfeld bei Waterloo die Entscheidung und den endgültigen Sieg. Bei Waterloo trugen die Engländer die größte Last des Kampfes. Engländer und Preußen beteiligten sich gemeinsam an der Verfolgung des geschlagenen Feindes.

Am 1. Juli 1815 kamen sie vor Paris an, und am 7. Juli marschierten sie in die Stadt ein. Das Regiment lagerte auf dem Marsfeld. Nach 48 Stunden verließen sie Paris, um das Schloss Vincennes zu belagern, das sich nicht ergeben wollte. Die Geschütze wurden in Stellung gebracht, um das Gebäude in Grund und Boden zu schießen. Doch da streckte man die weiße Fahne heraus und kapitulierte. Sie blieben in der Nähe von Paris bis zum 26. August 1815.

Danach berichtet der Gefreite Gerdes von dem Marsch nach Hause. Am 25. September 1815 marschierten seine Kameraden und er aus Frankreich und sie kamen schließlich an den Rhein. Dort verblieben sie wegen des Eisganges bis zum 16. Dezember. Dann setzten sie über den Rhein und rückten in Düsseldorf ein. Nach einem längeren Marsch durch Westfalen kamen sie schließlich bei Leerort an der Ems an und betraten am 20. Februar 1816 das Gebiet der Stadt Leer. Am 22. Februar brachen drei Bataillone nach Emden auf, wo sie gegen elf Uhr vormittags ankamen. Emder Jungfrauen überreichten den siegreichen Heimkehrern eine Fahne und Lorbeerkränze. Die Stadt hatte ein festliches Gewand angelegt. Als es bekannt wurde, dass einzelne Truppenteile auf die Dörfer der Nachbarschaft verteilt werden sollten, wussten es die Emder so einzurichten, dass alle Landwehrmänner in ihrer Stadt Unterkunft erhielten. Auf dem „Neuen Markt" in Emden wurden am 23. Februar 1816 die Landwehrmänner des zweiten und dritten Bataillons in ehrender Weise aus dem Heeresdienst entlassen, und am 25. Februar 1816 war Hajung Gerdes wieder zu Hause. Der Kriegsteilnehmer Hajung Gerdes hinterließ eine reiche Nachkommenschaft und wurde für damalige Verhältnisse sehr alt. Der Veteran starb 1888 im Alter von 93 Jahren.

361 ostfriesische Kameraden von Gerdes waren gefallen. Die Zahl derer, die später an ihren Verwundungen gestorben sind, ist nicht bekannt. In den Kirchen wurden zu Ehren der Gefallenen Gedenktafeln angebracht. Schon früh riefen acht prominente Ostfriesen, darunter der Wasserbauer Tönjes Blei, der Kaufmann und Architekt Conrad Bernhard Meyer, der Delegierte zur Landschaftsversammlung, Julius Dietrich Tannen und der Landsyndikus und Historiker Tilemann Dothias Wiarda, zu Spenden für ein Nationaldenkmal auf. Bereits im Sommer 1815 hatten die Ostfriesen erfahren, dass sie zukünftig nicht mehr zu Preußen, sondern zum neu geschaffenen Königreich Hannover gehören würden. Im Andenken an die im Krieg gegen die Franzosen an Preußens Seite gefallenen Ostfriesen wurde das Nationaldenkmal 1833 als Feldsteinpyramide auf dem Hügel des Upstalsbooms errichtet.

Anfänge einer Dorfschule

Der Schulmeister sei seinem Amt wohl gewachsen, gehe seinen Schülern mit gutem Beispiel voran, verwalte sein Amt treu und gewissenhaft und lasse es auch an Privatfleiß nicht fehlen. So beurteilte der zuständige Schulinspektor und Pastor von Ochtersum die Leistungen des ersten Schullehrers der jungen Ortschaft Blomberg wenige Jahre nach Einrichtung der Schule. Schon 1840 hatte er den Eindruck, dass Schulmeister Gerd Bruns Poppen im Unterricht „Geschicklichkeit" zeige, aber seine weitere Ausbildung nicht versäumen dürfe. Er empfahl ihm als Erzieher einen sanfteren Ton und riet ihm, „bei seinem aufgeregten Gemüt sich der Züchtigungsmittel ganz zu enthalten". Die Leistungen der Schüler bewertete der Pastor in Bezug auf das Wachsen in der Erkenntnis, womit in erster Linie die religiöse Erkenntnis gemeint sein dürfte, als „sehr gut". Bei der Überprüfung der Leistungen von Schulmeister und Kindern bemerkte er mit Freude, dass alles im Wachsen begriffen sei.

Die Schulgeschichte von Blomberg begann im Jahre 1838. Die Kolonie war - wie die meisten anderen Kolonien Ostfrieslands - nach Erlass des Urbarmachungsediktes des preußischen Königs im Jahre 1765 in der zweiten Hälfte des 18. Jahrhunderts entstanden. Die ersten Siedler des Ortes kamen zum großen Teil aus den Nachbargemeinden der Kolonie. Blomberg war seit den Anfängen kein geschlossenes Dorf, sondern eine weit auseinandergezogene Siedlung. Die Kolonisten lebten in sehr armseligen Verhältnissen und versuchten durch den Anbau von Buchweizen etwas zu verdienen. Die Menschen gehörten kirchlich zur Gemeinde von Ochtersum. Der dortige Pastor machte sich schon im Jahre 1833 Gedanken, wie die schulische Ausbildung der Kolonistenkinder zu bewerkstelligen sei.

Aus einem Schreiben des Pastors an das Amt Esens geht hervor, dass schon zu der Zeit einige Kolonisten den in ihrer Nähe wohnenden Kindern Unterricht auf Grund eigenen Engagements quasi ehrenamtlich erteilt hatten. Den Männern fehlte allerdings die Schulmeisterbefähigung und ihre eigenen Kenntnisse im Lesen und Schreiben waren gering. Der Geistliche würdigte aber den Einsatz dieser Männer und machte deutlich, dass die Siedler der Gegend durchaus ein Interesse daran hätten, ihren Kindern Schulunterricht zukommen zu lassen. Der Pastor hielt es für schwierig, eine einzige Schule für alle Kolonistenkinder der Gegend zu errichten. Die Kolonie war so lang und breit, dass es ihm schien, als müssten gleich mehrere Schulen den Unterricht für die vielen Kinder übernehmen.

In der Kolonie waren nach den Geburtsprotokollen der Ochtersumer Kirchengemeinde 173 Kinder in den zurückliegenden zehn Jahren zur Welt gekommen. Dadurch wurde das Problem der Versorgung mit Schulunterricht noch schwieriger. Auf der anderen Seite waren die Siedler durchweg so arm, dass sie nicht in der Lage sein würden, das Schulgeld zu bezahlen. Die Kolonisten seien darüber hinaus auch nicht einmal fähig, ein mit Grassoden und Strohdach erbautes Schulgebäude aufzurichten und zu unterhalten. Müsste das Schulgeld von der Armenkasse der Kirchengemeinde Ochtersum aufgebracht werden, hätte das den Ruin der Kasse bald zur Folge.

Trotz aller Schwierigkeiten wurde in den folgenden Jahren eine Schule in Blomberg aus öffentlichen Mitteln erbaut und ein größerer Schulbezirk gebildet. Alle in diesem Bezirk wohnenden Kinder hatten die neue Schule zu besuchen. Der Amtmann des Amtes Esens übersandte dem für die Schule in Blomberg zuständigen Prediger in Ochtersum am 28. Dezember des Jahres 1838 die Verordnung und die Weisungen zur Einrichtung der Schulstelle. Am 25. Oktober 1838 hatte die Landdrostei in Aurich das Schulland zur Verfügung gestellt. Damit war die Voraussetzung geschaffen, um überhaupt einen Lehrer in Blomberg einzustellen.

Der Lehrer von Blomberg sollte sich nebenbei auch als Kolonist und Kleinbauer betätigen, um seinen Lebensunterhalt sicherzustellen. Damit war der Schulmeister ein Siedler wie alle anderen Blomberger auch. Das bedeutete, dass er kein fertiges Bauernland auf der Schulstelle vorfand, sondern sich wie alle Kolonisten darum zu bemühen hatte, aus Unland fruchtbares Ackerland zu machen. Es bestimmten aber die Behörden, dass die Mitglieder der Schulgemeinde ihren Lehrer bei der Kultivierung des Schullandes unterstützen sollten.

Aufgrund der Anordnung begutachteten kurz darauf der Amtsvogt Schiffel und die Blomberger Harm Behrends und Klaas Freimuth das Land, um die notwendigen Arbeiten festzulegen und die konkrete Umsetzung zu organisieren. Die drei Männer fertigten dazu ein Protokoll an und bestimmten in dem Schreiben, dass bei der „Schlötungs- und Bewallungsarbeit" alle Kolonisten gleiche Arbeiten an dem Land zu verrichten hatten. Jeder Familienvater sollte gleiche Rechte und gleiche Pflichten als Mitglied der Schulgemeinde haben.

Als alle Vorarbeiten erledigt waren, konnte das Land in Bearbeitung genommen werden. In der Zwischenzeit war auch das Schulgebäude fertig gestellt worden. Es dürfte sich um ein in Lehmbauweise errichtetes primitives Haus gehandelt haben. Quellen zum Bau und zur Anlage des ersten Blomberger Schulhauses liegen nicht vor. Am Jahresanfang 1839 zog der Schulmeister Gerd Bruns Poppen ein. Durch das königliche Konsistorium in Aurich waren ihm seine Rechte und Pflichten schriftlich mitgeteilt worden. Der Schulmeister hatte sich grundsätzlich in Bezug auf sein wichtigen Amtes so zu verhalten, dass er immer „vor Gott, seinem Gewissen und der Obrigkeit" bestehen konnte. Das Schulhaus sollte ordentlich und reinlich bewohnt und vor Verwahrlosung geschützt werden. Auf Feuer und Licht musste besonders geachtet werden, um einen Brand zu vermeiden. Der Schulmeister hatte im Falle eines Brandes mit seinem Vermögen zu haften. Das Schulland sollte immer weiter kultiviert und verbessert werden. Was Meliorationen und Entwässerungen anbelangte, hatte der Schulmeister kein Recht, Unterstützungen der Behörden zu fordern. Der Lehrer hatte die auf dem Land und dem Haus lastenden Abgaben aus seinem Vermögen zu bezahlen. Auch zukünftig möglich werdende Forderungen der Behörden bezüglich der Wege, Stege, Wasserleitungen und Pumpen hatte der Lehrer zu erfüllen. Was diese Angelegenheiten anging, sollte der Lehrer gegenüber seinen in der Nachbarschaft lebenden Nachbarn keine Vorrechte haben.

Bezüglich seiner Diensteinkünfte wurde ihm zugesichert, dass er das Schulgeld von den zahlungsfähigen Eltern der schulpflichtigen Kinder des Distrikts erhalten sollte. Von den Kindern armer Eltern hatte er nur den zehnten Teil des gesetzmäßigen Schulgeldes aus der zuständigen Armenkasse zu bekommen. Er durfte die Wohnung im Schulhaus mietfrei bewohnen, ebenso das Schulland in der Größe von fast 13 Morgen (ca. 3 Hektar) wirtschaftlich nutzen. Alle in dem Schuldistrikt lebenden Siedler hatten dem Lehrer immer am Ende eines Jahres landwirtschaftliche Erzeugnisse abzuliefern, wobei die Menge von der Landgröße der Kolonisten abhängig war. Moorbauern, die bis zu drei Hektar Land bewirtschafteten, mussten einen Scheffel (1 Scheffel ca. 62 Liter) Buchweizen in der Zeit zwischen Weihnachten und Neujahr eines Jahres in der Wohnung des Schulmeisters abliefern.

Siedler mit einer Landgröße von bis zu sechs Hektar hatten ihm einen Scheffel Roggen auszuhändigen. Erbpächter mit einem Landbesitz von bis zu neun Hektar mussten einen Scheffel Roggen und einen Scheffel Buchweizen abgeben und Moorbauern mit einer Landfläche von bis zu 12 Hektar lieferten dem Lehrer zwei Scheffel Roggen ab.

Vom Amt Esens wurden aus den Mitgliedern der Schulgemeinde zwei Personen zu Schulverwaltern ernannt. Sie bekleideten ein Ehrenamt ohne eine Vergütung und behielten es immer für drei Jahre. Ihre Aufgabe bestand darin, die Dienstführung des Schulmeisters zu beaufsichtigen und eventuelle Unzulänglichkeiten dem Amt Esens und dem zuständigen Superintendenten anzuzeigen. Daneben mussten sie darauf achten, dass das Schulgebäude in einem guten Zustand verblieb.

Über das erste Vierteljahr an der Schule liegen Informationen vor, weil der Schullehrer über die Zeit einen „Schulkatalog" anfertigte und Ostern 1839 bei seinen Vorgesetzten einreichte. Poppen unterrichtete in seinem Schulraum 40 Knaben und 42 Mädchen. Das Verhalten und Betragen beurteilte der Schulmeister im Allgemeinen als zufriedenstellend, es gab aber Schüler, deren Verhalten mit „ziemlich" und „träge" beurteilt wurde. Jedoch fanden sich auch Schüler, deren Verhalten der Lehrer als „sehr gut" oder „lobenswert" bezeichnete.

Im Unterricht wurden an Büchern die Bibel, das Gesangbuch, der Hannoversche Katechismus, der kleine Katechismus Luthers sowie die biblischen Geschichten nach Hübner benutzt. Lesen, Schreiben und Auswendiglernen wurden unter Zugrundelegung der Texte in den Büchern geübt. Der Unterricht dauerte vormittags von 9 bis 12 Uhr und nachmittags von 13 bis 16 Uhr.

Der Schulmeister hatte jedes Jahr aufs Neue den Schulkatalog einzureichen, der über den Verlauf des vergangenen Schuljahres genaue Auskünfte gab. Allgemein wurde jedes Jahr immer wieder bemängelt, dass der Schulunterricht von zahlreichen Kindern nur unregelmäßig besucht wurde. Der Besuch der Winterschule litt unter den schlechten Wegeverhältnissen. Im Sommer hielten viele Eltern ihre Kinder zu Hause, weil vor allem der ältere Nachwuchs zum Hüten des Viehs herangezogen wurde. Aber auch in der Erntezeit litt der Besuch des Unterrichts darunter, dass viele Schüler bei den Erntearbeiten helfen mussten. Im Schulkatalog des Jahres 1845 hieß es, dass die große Armut in der Kolonie es nicht zulasse, dass die größeren Kinder über zehn Jahren, die bei Torfarbeiten und beim Viehhüten gebraucht wurden, im Sommer die Schule besuchten.

Seinen Dienst verrichtete Poppen trotz aller Unzulänglichkeiten jedes Jahr gewissenhaft. Blomberg wurde immer bevölkerungsreicher, viele Kinder wurden geboren und bald reichte das Schullokal größenmäßig nicht mehr aus. Der Schulraum war ursprünglich für etwa 90 Kinder eingerichtet worden, aber im Jahre 1848 hatte das Schulverzeichnis 137 Namen. 47 Schüler mehr als vorgesehen drängten sich also in dem Raum. Vernünftiges Unterrichten war unter diesen Umständen kaum noch möglich. Der zuständige Pastor beschrieb die Situation in der Schule im Jahre 1849 anschaulich:

„Durch eine veränderte Einrichtung in der Schule kann durchaus kein Raum in denselben gewonnen werden, indem die Tische und Bänke in dem Schullocal so gesetzt sind das der ganze Raum zweckmäßig benutzt wird. Es sitzet Kind an Kind und eine Reihe schließt sich an die andere so eng an, dass für den Lehrer die Durchgänge fast gänzlich wegfallen. Nur wenn der für den Schullehrer unentbehrliche etwas erhöhte Sitz entfernt würde, dürfte noch der Raum für 6 bis 8 Schüler gewonnen werden.

Das Schullocal ist ursprünglich für höchstens 90 Kinder berechnet, und können nothdürftig 106 Kinder darin Platz finden. Zu der Schule gehören aber 142 schulpflichtige Kinder, darunter waren im verflossenen Winter 78 Schreibschüler. An den beiden in der Schule befindlichen Schreibtischen finden aber kaum 48 Schüler Platz und mussten die übrigen 30 theilweise kniend auf dem Lehmboden vor den Bänken liegend schreiben, wovon Prediger sich selbst überzeugt hat. Würde nun noch ein Schreibtisch, wie sehr nothwendig wäre, in der Schule placiert so würde dadurch der

Raum in derselben noch mehr beschränkt werden, und es dürfte dann die Schule nicht einmal 100 Kinder fassen.

Eine Vergrößerung der Schule halte ich daher für ein unumgänglich nothwendiges Bedürfniß, und muß ich zugleich darauf antragen, dass der Schullehrer angehalten werde, wenigstens in den Wintermonaten einen tüchtigen Gehilfen anzustellen, indem dann die Zahl seiner Schüler so groß ist, dass ein Lehrer unmöglich sie alle gehörig übersehen und im Unterricht anleiten kann."

Nach langem Hin und Her kam es schließlich im Jahre 1850 zu einer Vergrößerung des Schulgebäudes und die Bedingungen im Schulleben des Ortes Blomberg verbesserten sich langsam immer mehr. Schulmeister Poppen erkrankte im Jahre 1851 allerdings schwer und seine Söhne setzten nach der Dienstentlassung des Vaters den Unterricht als Vertretungslehrkräfte erfolgreich fort, wozu das königliche Konsistorium die Genehmigung gegeben hatte.

Am 13. März 1857 kam es allerdings zur Einstellung eines neuen, ausgebildeten Schulmeisters. Lehrer Lübbe Harms Hicken übernahm die Arbeit seines Vorgängers Gerd Bruns Poppen. Mit der Dienstverpflichtung von Hicken endete die Ära des ersten Blomberger Lehrers endgültig.

Inseln werden Seebäder

Pastor Erdmann von Spiekeroog war entsetzt über seine Inselgemeinde und sah sich im Spätsommer des Jahres 1717 veranlasst, seine Klagen dem Konsistorium in Aurich vorzutragen. Die Insulaner seien ein gottloses Volk und ein Pastor könne mit den Leuten nicht umgehen, vor allem auch deswegen, weil besonders der Inselvogt ein gott- und gewissenloser Mann sei. Bei der Verteilung von Strandgütern bekam der Pastor gewöhnlich nicht den vollen Anteil, sondern der Vogt bevorzugte die Insulaner bei der Verteilung der angeschwemmten Sachen. Der Inselpastor und der Inselvogt waren die beiden Autoritäten der Insel und in ihrer Hand lagen quasi die Verwaltungs- und Polizeibefugnisse.

Das Konsistorium forderte die Einwohner Spiekeroogs bei Androhung einer Strafe von zehn Gulden auf, zwei Abgeordnete nach Aurich zu entsenden, um sich die Klagen des Geistlichen anzuhören und sich zu den Klagen zu äußern. So begaben sich Ubbe Peters und Frerich Eiben in die ostfriesische Kleinstadt und trugen ihrerseits vor, was sie an ihrem Seelsorger auszusetzen hatten. Ihr Pastor hielt sich nach ihrer Meinung zu oft auf dem Festland auf, saß auch viel zu Hause herum und besuchte weder kranke, noch schwache Insulaner. Allein die Sonntagspredigt hielt er regelmäßig, was aber den Spiekeroogern an seelsorgerischer Betreuung nicht genügte. Es war ihnen sehr unangenehm, dass der Pastor sie als so schlechte Christenmenschen darstellte.

Im Rahmen dieser Streitsache äußerte sich auch der Esenser Amtmann Brenneysen, der die Probleme etwas differenzierter sah und beiden Parteien ein problematisches Verhalten attestierte. An ihn hatten sich bereits im Frühjahr 1717 zwölf Insulaner gewandt und unter Tränen berichtet, dass sie mit ihrem Pastor Erdmann nicht klarkommen konnten. Was bei diesen Leuten nach Brenneysens Beurteilung eher Einfalt und Dummheit sei, beurteile der Pastor als Trotz und Boshaftigkeit.

Das Konsistorium sah die Notwendigkeit, einen anderen Prediger für Spiekeroog ausfindig zu machen. Man wollte bei den Schulmeistern im Amt Esens nachfragen, ob nicht einer von diesen Personen Prediger auf Spiekeroog werden wollte. Man hielt besonders den Schulmeister und Küster Brüggemeyer aus Dunum für fähig, die Nachfolge von Pastor Erdmann anzutreten. Brüggemeyer hatte bereits bei Abwesenheit des Dunumer Pastors gelungene Predigten durchgeführt. Der Schulmeister sollte sich mit dem Konsistorium in Verbindung setzen und sich äußern, ob er die Nachfolge von Pastor Erdmann antreten wolle. Ob es zur Übernahme der Stelle gekommen ist, geht aus den Akten nicht hervor. Die Unterlagen machen aber deutlich, wie schwierig sich das Zusammenleben anscheinend auf der Insel Spiekeroog zu Beginn des 18. Jahrhunderts gestaltete, was sicherlich in erster Linie auf die sehr bescheidenen Lebensverhältnisse auf dem Eiland zurückzuführen war. Etwa hundert Jahre früher lebten nur 13 Familien auf der Insel, die ihren Lebensunterhalt durch etwas Landwirtschaft, Fischfang sowie das Herstellen von Muschelkalk (Schill) bestritten. Das wird um 1717 nicht anders gewesen sein. 1757 waren fast alle Männer Schiffer oder Schiffsknechte und fuhren auf kleinen, schlecht ausgestatteten Küstenseglern. Die Verhältnisse waren ausgesprochen ärmlich. Nur in geringem Maße wurde Landwirtschaft betrieben, eine größere Rolle spielten mit der Zeit aber Walfang und Seehandel. Schiffsunglücke und die dann erfolgende Bergung und der Verkauf von Strandgut ermöglichten den Insulanern trotz aller rechtlichen Einschränkungen einen kleinen Nebenverdienst.

Auf der kleinen Insel Baltrum war die Lage zu Beginn des 18. Jahrhunderts nicht viel anders. Auch hier klagte der Inselpastor König im Jahre 1705 darüber, dass er bei der Verteilung von Strandgut benachteiligt und sogar um seinen Anteil betrogen wurde. Das Strandholz wurde nicht an die Einwohner verteilt, sondern an den Meistbietenden verkauft. Den Gewinn vertranken die Leute dann im Inselkrug. Der Strandvogt habe darüber hinaus heimlich mehrere Fässer Butter vom Strand holen und in sein Haus bringen lassen. Als der Pastor dem Vogt darüber Vorhaltungen machte, behauptete dieser, die Butter sei ungenießbar gewesen und als Wagenschmiere verbraucht worden. Des Weiteren hatte der Vogt nach einer auf dem Festland durchgeführten Kollekte für die Inselkirche die für den Pastor bestimmten salzigen Schollen an den eigenen Schwiegersohn für den halben Preis verkauft und diese Tat damit begründet, dass der Geistliche zu dem Zeitpunkt nicht vor Ort gewesen sei und man die Schollen nicht bis zur Rückkehr von Pastor König aufbewahren konnte.

Bereits ein Jahr vorher hatte der Vogt anscheinend ein Viertel einer Tonne Braunschweiger Bier, welches das Fürstenhaus der Inselgemeinde gespendet hatte und im Hause des Vogts gelagert worden war, auf eigene Rechnung verkauft, bevor man den Rest an die Inselbewohner verteilt hatte. Generell würde der Vogt, der zugleich Krüger der Gemeinde sei, seine Getränke zu teuer verkaufen, so etwa einen Krug Bremer Honigbier für zwei Stüber. Er selbst bezahlte im Einkauf für eine Tonne bzw. 70 Krüge Bier nur einen Reichstaler (=30 Stüber). Auch Branntwein und Tabak müssten die armen Insulaner viel zu teuer bezahlen.

Die Bevölkerungszahl von Baltrum war klein. 1650 gab es lediglich 14 Bewohner; die Zahl wird um 1700 etwas höher gewesen sein. Zu der Zeit lebten die Insulaner vor allem vom Fischfang und von der Jagd auf der Insel. Daher lieferten sie ihre Abgaben in erster Linie in Naturalien ab. Das Grafenhaus Ostfrieslands erhielt damals pro Kopf der Bevölkerung 26 getrocknete Schollen. 200 dieser Fische bekam der Prediger des Ortes Hage und der Amtmann in Berum erhielt ebenso einen Teil des Fanges. Aber die Insulaner mussten auch einen Großteil der auf dem Eiland erjagten Kaninchen sowie Eier von Vögeln wie Kiebitz, Möwe und Seeschwalbe abliefern. Der Alltag auf Baltrum war bis weit ins 19. Jahrhundert geprägt vom Leben mit und von der See. Walfang, Seehandel und der Abbau und Verkauf von Muschelschalen für die Kalkherstellung spielten auch auf dieser Insel eine große Rolle. Schiffsunglücke ermöglichten diesen Insulanern trotz aller Reglementierungen immer wieder ein Zubrot: Bergung und Verkauf von Strandgut brachten immerhin einen gewissen Gewinn ein.

Auf Baltrum predigte um 1818 der Pastor Djuren, der vier Jahre für seine Dienste keinen Gehalt erhalten hatte. Es waren die unruhigen Jahre um 1815 dafür verantwortlich. Ostfriesland war nach der Franzosenzeit zunächst wieder eine kurze Zeit preußisch gewesen und 1815 wurde es Teil des Königreiches Hannover. Als ihn die Not dazu trieb, ein Bittgesuch an die Behörden in Aurich zu richten, bekam er zunächst 40 Reichstaler als Abschlag auf sein zukünftiges Gehalt.

Auf der Insel Langeoog waren die Gegebenheiten ähnlich. Im Jahr 1630 umfasste das Gebiet sieben Haushalte mit 35 Bewohnern. Zwischen 1650 bis 1700 musste das Dorf mehrfach wegen Sandflug verlagert werden. Die Weihnachtsflut von 1717 riss die Insel sogar in zwei Teile. Die Kirche und das Pfarrhaus wurden dabei zerstört und das damals im Westteil der Insel liegende Dorf wurde beschädigt. Bis auf vier Familien verließen daraufhin die Bewohner die Insel. Nach einer weiteren schweren Sturmflut wurde die Insel im Jahr 1721 komplett verlassen. Erst 1732 wurde das Eiland bis 1736 wieder von drei Familien besiedelt. 1749 existierten fünf Gehöfte auf der Insel. Für das Jahr 1777 wird berichtet, dass neben 39 Einwohnern auch 82 Schafe, 23 Kühe, 19 Kälber und fünf Pferde auf Langeoog lebten. Ihren Lebensunterhalt verdienten sich die Bewohner aber hauptsächlich durch Fisch- und Walfang. Außerdem wurde Muschelschill verkauft.

Im Jahr 1830 begann mit dem ersten Badegast der Tourismus auf Langeoog. Ab diesem Jahr bestand auch erstmals eine Fährverbindung zum Festland. Anlaufhäfen am Festland waren nun Bensersiel und Westeraccumersiel. Die Steigerung der Gästezahlen ging am Anfang sehr langsam voran.

Baltrum wurde erst 1876 ein Seebad, obwohl erste Badegäste vor Mitte des 19. Jahrhunderts die Insel besuchten. In Gang kam die Entwicklung des Seebades aber nur sehr schleppend. Erst ab 1912 stellten Motorsegelschiffe den Verkehr zwischen dem Festland und der Insel her, die regelmäßige Verbindung gab es aber noch nicht.

Ab den 20er Jahren des 19. Jahrhunderts suchten Feriengäste Spiekeroog auf, aber erst gegen Ende des Jahrhunderts entwickelte sich der Tourismus auf der Insel als Wirtschaftszweig. Vorher waren die Verhältnisse für Badegäste äußerst bescheiden eingerichtet. So meldete sich der Spiekerooger Inselvogt Willms im Frühjahr des Jahres 1843 bei der Landdrostei in Aurich und bat darum, dass die Seebadeanstalt Norderney angewiesen werde, der Badeverwaltung auf Spiekeroog einige abgängige Badekutschen unentgeltlich zur Verfügung zu stellen. Das war tatsächlich möglich, und der Norderneyer Badeverwalter Schulze konnte der anfragenden Behörde mitteilen, dass von den elf kleinen Badekutschen zwei nicht mehr tauglich seien und an Spiekeroog abgegeben werden könnten. Als die Kutschen den Spiekeroogern übergeben wurden, geschah das nicht ohne eine Ermahnung der Landdrostei, die alten Kutschen auszubessern und pfleglich zu behandeln.

Bereits zwei Jahre später stellte der Inselpastor Janssen den Antrag, dass Norderney den Spiekeroogern mit drei weiteren Badekutschen aushelfen möge. Mit großem Dank habe man 1843 die zwei Badekutschen von Norderney übernommen und diese wieder in Stand gesetzt. Im Jahre 1845 reichten sie aber nicht mehr aus, weil sich an jedem Strandabschnitt wohl dreißig bis vierzig Menschen gleichzeitig zum Bade einfinden würden. Im Jahre davor hatte man mehrere Badezelte aufgeschlagen und am Strand eine Holzbude errichtet. Die Badezelte waren der Insel teuer geworden, denn sie waren oft umgeweht und dadurch beschädigt worden. Eine der alten Badekutschen sei von einer Flutwelle sehr ramponiert worden, obwohl man sie sicherheitshalber auf eine Düne gezogen hatte.

Der Inselpastor appellierte an die Behörde in Aurich, dass für die Insulaner von Spiekeroog etwas getan werden müsse. Die dortigen Einwohner, vor allem Witwen und unversorgte Personen, hatten große Verluste in der unmittelbaren Vergangenheit gehabt, weil zwei Schiffe der Spiekerooger untergegangen waren. Die Norderneyer Badeverwaltung sah sich zu dem Zeitpunkt aber nicht in der Lage, den Menschen auf Spiekeroog zu helfen. Die Anfänge des Seebades Spiekeroog gestalteten sich anscheinend weiterhin schwierig.

Über Langeoog berichtete der Amtmann in Esens am Jahresende 1846. Der Besuch der Insel sei seit jeher sehr gering gewesen und es hätten sich nur wenige Herren dorthin aufgemacht und seien auch nur eine kurze Zeit auf der Insel verblieben. Deswegen könne man noch nicht von einem eigentlichen Seebad Langeoog sprechen, aber man habe auf der Insel Hoffnung, dass sich die Zustände mit der Zeit bessern würden.

Von Spiekeroog berichtete der Amtmann trotz der oben dargestellten Probleme eher positiv. Die Insel fange an, als eine Seebadeanstalt aufzublühen und könne in der Reihe der ostfriesischen Bäder wahrscheinlich bald einen zweiten Platz einnehmen. Die Häuser der Insel böten den fremden Gästen passende und „niedliche" Räume für einen angenehmen und erholsamen Aufenthalt.

Es gab damals wohl kaum ein Haus auf dem Eiland, in dem keine Gäste unter-gebracht waren. In der Sommersaison 1846 sei der Besuch so stark gewesen, dass es schwer fiel, für alle Besucher eine Unterkunft zu finden. Spiekeroog sei ein-schließlich der Tagesgäste von etwa 400 Auswärtigen aufgesucht worden. Sie seien alle mit der Unterbringung und Bewirtung zufrieden gewesen und viele würden die Insel gerne wieder besuchen. Ein amtlicher Bericht bringt zum Ausdruck, dass Spiekeroog zu den schönsten Inseln der ostfriesischen Küste gerechnet werden könnte. Die Ostseite sei mit verschiedenen grün bewachsenen Dünenketten verseh-en, zwischen denen sich grüne „Täler" befänden. Auf der Insel wohne ein Bäcker, der täglich frisches Weißbrot verschiedener Sorten anbieten konnte. An frischer Kuh- und Schafmilch fehle es nicht.

Im nächsten Jahr fanden sich noch mehr Gäste auf der Insel ein, die alle in der Nord-see badeten. Zum größten Teil wurden die Einnahmen aus dem Badebetrieb für die Ausbesserung des großen Versammlungszeltes „Hesperus" mit seiner beeindruck-enden Nationalflagge verwendet. Für den Badebetrieb genügten die beiden alten Ba-dekutschen und sieben brauchbare Badezelte, die sich auf Schlitten befanden, schon lange nicht mehr. Die Inselverwaltung stellte Überlegungen an, wie man einen Omni-busverkehr einrichten konnte, wie es auch Norderney schon länger erfolgreich prakti-zierte. Die bislang benutzten Erdkarren waren eigentlich ungeeignet und der Sache nicht angemessen. Auf etwa zehn Reichstaler in Gold sollten sich die Anschaf-fungskosten eines Omnibusses belaufen. Um auch weitere Ausgaben bestreiten zu können, erbat sich die Inselverwaltung eine staatliche Beihilfe von 265 Reichstalern. Man plante die Einrichtung einer kleinen Apotheke für die Gäste und die Insulaner sowie die Niederlassung eines jungen Arztes. Darüber hinaus wollte man anregen, dass die Insel auch regelmäßig von einem Dampfschiff aus Bremen angefahren wurde.

Die Gästezahlen stiegen auf den ostfriesischen Inseln immer weiter an. Im Jahre 1849 berichten die amtlichen Unterlagen für Spiekeroog von 223, jedoch für Langeoog von nur sechs Urlaubsgästen. Aber ab 1850 vergrößerten sich auch auf Langeoog die Gästezahlen und im Jahre 1854 hatte man auf der Insel schon 130 Urlauber, während Spiekeroog 180 Gäste verzeichnete.

Die Seebäder Spiekeroog, Langeoog und Baltrum entwickelten sich im Laufe der Jahrzehnte immer mehr und sind bis heute gut besuchte und sehr beliebte Ferien-inseln für Urlauber aus dem ganzen Bundesgebiet.

Als 1797 das Seebad Norderney eingerichtet wurde, war die Insel bis dahin mehr als 200 Jahre überwiegend von Erbpächtern bewohnt gewesen, die die Inselländereien ihrer ostfriesischen Landesherrschaft mehr schlecht als recht bewirtschaftet hatten. Sie lebten vorwiegend vom Fischfang, weil sich der Sandboden des Eilandes nicht gut für eine Bewirtschaftung als Bauernland eignete. Daneben wurde Muschelzucht betrieben und auch das Bergen von Strandgut brachte etwas Gewinn ein.

Zur Zeit der Eröffnung des Seebades lebten etwa 570 Menschen auf der Insel und es gab mehr als 100 Häuser. Diese Zahlen stiegen schnell nach Einrichtung der See-badeanstalt; im Jahre 1833 gab es bereits 700 ständige Einwohner, die in 175 Häusern lebten.

Am 1. Mai 1800 wurde das Seebad offiziell eröffnet und es kamen gleich etwa 250 Gäste, die zum großen Teil in mitgebrachten Zelten nächtigen mussten, weil noch keine ausreichenden Gästeunterkünfte zur Verfügung standen. In der napoleo-nischen Zeit kam es zum Erliegen des Seebadebetriebes, der Kurbetrieb wurde aber nach dem Wiener Kongress 1815 schnell wieder aktiviert. Ostfriesland war jetzt Teil des Königreiches Hannover. Der Badebetrieb wurde ausgeweitet und als lukrative

Einnahmequelle erkannt. Es kam zum Bau und zur Errichtung wichtiger Inseleinrichtungen; die Organisation wurde professionell eingerichtet.

Die Aufsicht über die Seebadeanstalt hatte die Königlich-Hannoversche Landdrostei in Aurich. Es wurde eine Instruktion für die herrschaftlichen Beamten der Norderneyer Badeanstalt erlassen. Aus dem Jahr 1830 liegen genaue Hinweise und Bestimmungen dazu vor. Im Dienst des Seebades standen damals als herrschaftliche Beamte der Badekommissar, der Badeinspektor, der Apotheker und der Badearzt sowie als Unterbedienter der Bademeister. Beamte und Unterbediente sollten immer bestrebt sein, den „Flor (Wohlstand/Aufschwung; der Verf.) des Seebades" zu vermehren und „für das Vergnügen und die Bequemlichkeit der Badegäste" zu sorgen. Einmal wöchentlich konnte der Badekommissar den Badeinspektor und den Badearzt zu einem gemeinschaftlichen Beratungsgespräch einladen. Es wurde in den Bestimmungen besonders darauf hingewiesen, dass es selbstverständlich sein müsse, dass die Beamten untereinander und im Verkehr mit den Kurgästen ein gutes Benehmen zu zeigen hatten.

Vom 1. Juli bis zum 15. September dauerte die Badezeit. Spätestens am 1. Juli hatte sich der Badekommissar auf Norderney einzufinden und musste dort mindestens bis zum 15. August seinen Dienst versehen, weil seine Anwesenheit für die Hauptbadezeit unbedingt vonnöten sei. Die bei der Seebadeanstalt beschäftigten Unterbedienten hatten den Anweisungen des Badekommissars Folge zu leisten; er war ihr Vorgesetzter. Der Badekommissar selbst wurde angewiesen, mittags an der öffentlichen Tafel zu speisen, um dabei auf eine gute Ordnung der Abläufe achten zu können. Besonders sollte er eine Auge darauf haben, dass die Speisen untadelhaft serviert und gleichmäßig verteilt wurden, so dass jeder Tischgast sich nach dem Mahl gut bedient fühlen konnte.

Darüber hinaus hatte der Badekommissar dafür die Verantwortung, dass für die Unterhaltung der Gäste an jedem Abend gesorgt wurde. Jeder Kurgast war dazu berechtigt, an diesen Aktivitäten teilzunehmen. Wenn es die Verhältnisse des Badekommissars erlaubten, sollte er die gute Unterhaltung der Gäste stets fördern. So hatte er auch zu gewissen Zeiten Tanzbälle zu organisieren und durchzuführen. Ohne sein Wissen durften aber keine Theatervorstellungen, Konzerte oder Vorlesungen veranstaltet werden.

Wenn Badegäste Gelder als "milde Gaben" spendeten, war darüber vom Badekommissar ein Armenbuch zu führen und er hatte die Verantwortung über die Verwendung der Gelder, die in der Regel als Unterstützung für arme und kranke Badegäste verwendet wurden. Im Rahmen einer Feier zu Ehren des Königs war dem Badekommissar eine Summe von 150 Reichstalern zur Verfügung gestellt worden. Dieses Geld durfte er nach seinem Ermessen zum Vergnügen der Badegäste oder zur Verbesserung der Einrichtungen des Seebades verwenden.

Im Gegensatz zum Badekommissar musste der Badeinspektor bereits vor Ablauf des Monats April auf der Insel anwesend sein. In seiner Verantwortung lag, dass die Vorbereitungen zum Empfang der Inselgäste früh genug durchgeführt und die Fahrzeiten des Fährschiffes rechtzeitig bekannt gemacht wurden. Das Logierhaus, das Konversationshaus, das Badehaus, Scheunen, Ställe, Gärten, Plantagen, die Badekutschen sowie das vollständige Inventarium der Badeanstalt unterstanden seiner Aufsicht und Kontrolle. Des Weiteren musste der Badeinspektor einige Zeitungen und Journale frühzeitig bestellen und diese während der Badezeit in einem öffentlichen Leseraum auslegen.

Im Konversationshaus war während der Badesaison viel Personal nötig, so etwa Köche, Tafeldecker, Aufwärter, Haus- und Küchenmädchen sowie weitere Diener, die alle vom Badeinspektor einzustellen waren. In dem Zusammenhang gehörte es zu seinen Aufgaben, dass in den Kochräumen Reinlichkeit herrschte und der Abfall nicht lange liegenblieb, sondern umgehend entsorgt wurde.

Als Aufseher über einen Weinkeller musste er über die ihm anvertrauten Weine und Spirituosen Rechnung führen und für die ausgegebenen Mengen die Einnahmen dokumentieren und nachweisen. Zum Mittagsmahl für die Badegäste gehörten gewöhnlich eine kräftige und wohlschmeckende Fleischsuppe, gutes Rindfleisch mit Tunke und Senf, Gemüse, Braten, Salat, Kompott, Käse, Butter, Rosinen und Mandeln. In der Regel wurde Kuchen nicht angeboten, aber immer ein weiteres Gericht aus Seefischen. Wenn diese nicht zu haben waren, gab es Grießpudding und Fleisch, das immer zart sein musste. Es wurde Wert darauf gelegt, dass alle Speisen gut und schmackhaft zubereitet wurden. Für Abwechslung auf der Speisekarte hatte der Badeinspektor zu sorgen und es sollten fette Hammel und allerlei Federvieh gehalten werden, die bei Bedarf geschlachtet werden konnten.

Im Jahre 1830 bezahlten Badegäste für ein gutes Mittagessen vierzehn Groschen und für die Musik zwei Groschen. Kinder zahlten die Hälfte für das Mittagessen und abends wurde nach Karte gespeist.

Durch die steigende Zahl der Kurgäste wuchs auch die Zahl der ständigen Einwohner weiter an; im Jahre 1838 zählte man bereits 800 Insulaner.

In den zurückliegenden Jahren hatte sich auf dem Eiland viel getan. Ein Warmbadehaus war errichtet worden und die meisten Gebäude der Insel waren ausgebessert und vergrößert worden. Ein erster Kurpark war eingerichtet worden und die Kurgäste liebten es, in der Einrichtung zu spazieren und Konversation zu betreiben. Viele Insulaner vermieteten Zimmer ihrer Häuser an die Gäste, was eine lohnende Einnahme für die Norderneyer darstellte. Sogar eine Spielbank hatte man 1820 eingerichtet. Der Betrieb wurde allerdings aufgrund von neuen gesetzlichen Bestimmungen im Jahre 1849 eingestellt.

Männer und Frauen durften nicht zusammen das Bad in der Nordsee genießen, sondern sie wurden nach ihrem Geschlecht getrennt und mit Badekarren zu zwei verschiedenen Abschnitten des Strandes gefahren. Liegend oder kniend nahmen sie ihr Bad im Meer. Ein angemessener Abstand zwischen Damen- und Herrenstrand war vorgesehen und aus diesem Grund waren am Strand in der Badegegend zwei Stangen in gehöriger Entfernung voneinander aufgestellt worden. In dem Zwischenraum dieser deutlich zu sehenden Markierungen durfte niemand baden. Nur die Buden für die Badekarren standen dort. Der Abstand war aufgrund der damaligen sittlichen Vorstellungen zwingend notwendig, und es musste nicht besonders erwähnt werden, dass jeder anständige und ehrenhafte Badegast sich nicht dazu verleiten lassen würde, Badende des anderen Geschlechts zu beobachten.

Schon früh nach Übernahme Ostfrieslands durch Hannover war die Seebadeanstalt Norderney eines der bekanntesten Bäder Europas. Von 1836 bis 1865 wählte der hannoversche Kronprinz Georg, der ab 1851 König von Hannover war, die Insel als Sommerresidenz. Zur Unterbringung der königlichen Familie wurde 1837 das Große Logierhaus errichtet; das Investitionsvolumen dazu betrug 31.000 Reichstaler. Es diente auch als Kurhotel zur Unterbringung weiterer fürstlicher Personen, die standesgemäß untergebracht werden wollten. Weil dem Königspaar aus Hannover der Hofstaat folgte, wurden mehrere Gebäude errichtet, die den Stadtkern von Norderney prägten. In den Folgejahren entwickelte sich das Seebad zum exklusiven Treffpunkt des Adels, der Diplomatie, der Kunst- und Geisteswelt.

Im Zentrum der Stadt und unmittelbar am Kurplatz baute man 1840 das Konversationshaus, das im klassizistischen Stil errichtet wurde und als einer der bedeutenden Profanbauten in Nordwestdeutschland gilt.

In der hannoverschen Zeit war die Anreise nach Norderney noch recht langwierig. So wurde Kurgästen, die aus dem Rheinland anreisten, im Jahre 1832 vorgeschlagen, am Besten mit dem auf dem Rhein fahrenden Dampfschiff zunächst nach Rotterdam zu reisen und dann über Land bis Amsterdam zu fahren. Von Amsterdam fuhr dreimal wöchentlich ein Dampfer über die Zuidersee nach Harlingen, von wo man dreimal täglich durch Wagen oder Zugschiffe nach Delfzijl gelangen konnte. Von dort fuhren täglich Schiffe nach Emden und man konnte von der ostfriesischen Hafenstadt mit dem Wagen nach Norden und Norddeich gelangen.

Es gab in der ersten Hälfte des 19. Jahrhunderts auch eine direkte Schiffsverbindung von Bremen nach Norderney. Noch bis in die Mitte der 1850er Jahre mussten die Schiffe in der Norderneyer Reede (Liegeplatz vor dem Hafen) im Südwesten der Insel festmachen. Im Pferdekarren wurden die Gäste durch das flache Wasser bis auf die Insel gefahren. Die erste tidenunabhängige Verbindung mit einem Dampfer wurde erst nach 1866 eingerichtet.

Badegäste, die nicht mit Schiffen auf die Insel kamen, hatten auch die Möglichkeit, mit Postkutschen oder anderem Fuhrwerk durch das Wattenmeer zur Insel zu reisen, jedoch war die Unterhaltung eines Wattweges von Hilgenriedersiel zur Insel aufwendig und kostete viel Arbeit. Nur bei niedrigster Ebbe konnte diese Passage benutzt werden und ein kundiger Wattführer war immer bei der Fahrt dabei, damit die Gäste sicher bis zur Insel kamen. Der Wattführer bezog eine Vergütung aus der Kasse der Seebadeanstalt Norderney. Der Wattweg wurde bis zum Ende der hannoverschen Herrschaft über Ostfriesland noch viel benutzt, obwohl ein Fährschiff und andere Dampfschiffe zur Insel fuhren. Auch die Post wurde über den Wattweg zur Insel befördert. Die Post verkehrte täglich von Norden über Hilgenriedersiel nach Norderney und umgekehrt. Sie benötigte für die gesamte Strecke dreieinhalb Stunden. Gäste wurden auch mit dieser sogenannten „Fahrenden Post" befördert, was den Vorteil hatte, dass die Gäste von Norden aus bis zur Insel durchfahren konnten. Ein Nachteil bestand darin, dass die Reisenden zunächst nur feuchte Sandbänke und Rinnsale zu sehen bekamen, jedoch noch keine wogenden Wellen.

Es gab immer wieder Beschwerden über den Zustand des Weges und man machte gelegentlich Vorschläge zur Ausbesserung der Passage und zur Sicherung der Überfahrt. So wurde vorgeschlagen, die tiefste und gefährlichste Stelle durch die Auslegung einer Marke zu kennzeichnen. In Hilgenriedersiel, wo die Fahrgäste die Wagen zur Insel bestiegen, herrschte in der Badezeit viel Betrieb. In einem Gasthaus warteten die Inselbesucher, und der dortige Wirt war manchmal gar nicht mehr in der Lage, den Wünschen der vielen Personen gerecht zu werden. Die Zahl der Inselbesucher erhöhte sich bis zum Ende der hannoverschen Ära im Jahre 1866 auf 3.110, die Zahl der ständigen Einwohner stieg auf 1.431 an.

Es gab um 1866 eine Dampfschiffverbindung von Geestemünde nach Norderney; die Fahrt dauerte etwa sieben Stunden. Das Schiff verkehrte auf dieser Linie vom 1. Juli bis zum 30. September. Ein Emder Dampfschiff benötigte für die Fahrt von Emden nach Norderney etwa viereinhalb Stunden und ein in Leer beheimatetes Dampfschiff brauchte für die Überfahrt etwa sechs Stunden. Ein sogenanntes „Fähr-Paketschiff" war bei der Überfahrt von Norddeich nach Norderney etwa eine Stunde unterwegs.

Polizeiaufsicht

Nach der napoleonischen Zeit war Ostfriesland ab 1815 eine Provinz des Königreichs Hannover. Zu dem Zeitpunkt hatte Ostfriesland etwa 123.000 Einwohner. Bis 1848 stieg die Zahl auf ca. 173.000. In der Mitte des 18. Jahrhunderts hatte in ganz Deutschland ein starkes Bevölkerungswachstum eingesetzt. Die Bevölkerungsexplosion war so, dass sie die bis dahin entwickelten Arbeits- und Wirtschaftsformen unabhängig von politischen Ereignissen und Reformen zu sprengen in der Lage war. Die Zunahme der Menschen überstieg unter den gegebenen Realitäten das gesamte Arbeitsangebot und die Möglichkeiten der Existenzsicherung. An dem Bevölkerungswachstum waren die landarmen bzw. landlosen Menschen überproportional beteiligt. Daher lässt sich eine starke Zunahme der Schichten unterhalb der „Hand- und Lohnwerker" in dem Zeitraum zwischen 1750 und 1850 auch für Regionen mit rein oder überwiegend agrarischem Charakter feststellen. Sie stellten oft mehr als die Hälfte der Bevölkerung. Die Nahrung wurde überall knapper und teurer. Auch in Ostfriesland. Hungerkrisen standen immer wieder in Zusammenhang mit Missernten, weil die Volkswirtschaften und das Leben der Menschen allein vom Ausfall der überregionalen und regionalen Ernten abhingen. Die früher begrenzt gewesene Unterschicht wuchs sehr stark an und entwickelte sich zu einem Hungerproletariat, das nicht selten der Bettelei nachging.

Auch in der ostfriesischen Metropole Aurich waren die vielen Bettler, die nach Angaben der Behörden täglich im Zentrum der Stadt „herumschwärmten", zu einer großen Belastung für die Bevölkerung geworden. Oft drängten sich Mütter mit ein oder zwei Kleinkindern in die Auricher Häuser, um ein Almosen zu erhalten. Als Grund für ihre Armut gaben diese Frauen meistens die Arbeitslosigkeit ihrer Ehemänner an. Die Behörden hatten für solche Begründungen durchweg wenig Verständnis. Die meisten Bettler in Aurich lebten in den sogenannten neun Logen, also den unmittelbar an Aurich grenzenden Ortschaften, und den unweit bei Aurich liegenden Moorsiedlungen. Der Auricher Bürgermeister Conring war 1818 der Ansicht, dass die für die Armen zuständigen Behördenstellen, Vögte und Bauernrichter in den Ortschaften und Moorkolonien nicht genug auf ihre Bedürftigen achteten, so dass „Schaaren von Weiber und Kinder hier in den Straßen herumlaufen, und oft sogar des Nachts in der Stadt oder Nähe derselben sich aufhalten, und wenn sie nichts erbettelt haben, dann auf eine andere Art was zu erhalten suchen, um nicht mit leerem Sack nach Hause zu gehen."

Man kann davon ausgehen, dass die obige Schilderung der Verhältnisse mit einigen Variationen für viele Gebiete Deutschlands zutraf. Zahlreiche Forscher haben später aufwühlende Beispiele über das Ausmaß des Hungerelends angeführt. Aber bereits Zeitzeugen jener Katastrophe gingen davon aus, dass fast mehr als ein Drittel aller Gemeinden in deutschen Landen sich in entsetzlicher Armut befand. So hatte die 49.000 Einwohner zählende Stadt Köln in der Hungerkrise 1816/17 fast 19.000 Almosenempfänger, 1848 waren es 25.000 Einwohner, die in den Armenlisten der Stadt geführt wurden. Bremen hatte 1848 unter 17.000 Familien der Stadt 11.000 Familien, die zur Unterschicht gehörten, weil sie weniger als 250 Taler im Jahr als Einkommen hatten und sich keinen kleinbürgerlichen Status leisten konnten. Johann H. Wichern, der Begründer der Inneren Mission der Evangelischen Kirche, berichtete 1837 über Bremen: „Wenn Bremen nicht bald dazu thut, wird es nicht lange währen, bis sich der Schaden so schrecklich wie in Hamburg offenbart – Familien ohne Betten, ohne Möbel, ohne Mittagsbrot, in Kot und Unrat, in Lumpen und Ekel wie begraben."

Es war aber nicht nur das Betteln, was den Behörden in Ostfriesland Ärger bereitete. In der Nordbrookmer Vogtei sowie in Süderneuland und den sogenannten Süderpoldern, das waren Distrikte, die zum Amt Norden gehörten, kam es in den 1820er Jahren zu einer ungewöhnlichen Zahl besorgniserregender Diebstähle.

Die Armut wurde zu einer Gefahr für das bürgerliche Privateigentum. Die Not förderte überall in Deutschland einen massenhaften Anstieg der Kleinkriminalität. Es kam darüber hinaus sogar zu Steuervergehen, zum Widerstand gegen Vollzugsbeamte und zu offensiven Auflehnungen.

Für die Behörden deuteten sämtliche Diebstähle im Amt Norden auf eine Bande hin, die ihren Sitz in den Kolonien Neusiegelsum, Rechtsupweg, Oster-Upgant und Leezdorf hatte. Das Amt Aurich schlug vor, zwei Landdragoner (Landgendarme) nach Marienhafe zu beordern und die Polizeikräfte zwischen den Kolonien und der zum Raub aufgesuchten Marschgegend zu platzieren. Die Aufgabe der beiden Landdragoner bestand hauptsächlich darin, über bestimmte Bewohner der Kolonien, die als Verbrecher bezeichnet wurden, eine sogenannte spezielle Polizeiaufsicht zu führen. Diese Einwohner hatten in der jüngsten Vergangenheit durch gegen sie geführte polizeiliche Untersuchungen auf sich aufmerksam gemacht. Die Behörden attestierten diesen Koloniebewohnern eine hochgradige Neigung zum Stehlen.

Die Instruktion für die beiden Beamten vom August 1829 enthielt Anordnungen und Beschränkungen der persönlichen Freiheit dieser Personen. So stellen sie bei einem Vergleich mit den Aufgaben von Polizeiaufsehern in anderen Orten eine Verschärfung und Ausweitung von deren Dienstanweisungen dar. Die wichtigsten Anweisungen finden sich in den §§ 4, 5, 7, 9 und 10.

Nach § 4 hatten die Landdragoner wenigstens zwei- oder dreimal wöchentlich alle ihrer Aufsicht unterworfenen Individuen in deren Wohnungen aufzusuchen und sich nach deren Aktivitäten zu erkundigen.

§ 5 forderte die Landdragoner dazu auf, über diese Leute ein Tagebuch zu führen, in dem einzutragen war, wo die Personen sich aufgehalten bzw. in Arbeit gestanden hatten. Die Höhe des Verdienstes musste ebenso eingetragen werden.

In § 7 wurde den Personen bei Androhung einer vierundzwanzigstündigen bis dreitägigen Gefängnisstrafe untersagt, ohne Vorwissen und ohne Erlaubnisschein der Landdragoner eine Nacht aus dem Hause zu gehen. Auch der Zweck des Fortbleibens musste angegeben und schriftlich festgehalten werden.

§ 9 erteilte den Landdragonern die Befugnis und Pflicht, auf Anzeige eines Diebstahls ohne vorherige Autorisation oder Requisition der Ämter Aurich und Norden in den ihrer Aufsicht unterliegenden Häusern Visitationen durchzuführen.

§ 10 untersagte den betreffenden Dorfbewohnern - unter Androhung einer vierundzwanzigstündigen oder dreitägigen Gefängnisstrafe - fremde Leute, die nicht zu ihrer Familie (Familienvorsteher, Ehefrau, Kinder und Großeltern) gehörten, über Nacht ohne Vorwissen der Landdragoner in ihren Häusern und Hütten zu beherbergen.

Ab 1830 mehrten sich die Anträge dieser Personen auf Befreiung aus dieser speziellen Polizeiaufsicht. Die Antragsteller begründeten ihre Bitte mehrfach damit, dass ihre spezielle Beaufsichtigung sie bei der Arbeit oder Arbeitssuche behinderte. Das Amt Norden lehnte entsprechende Gesuche durchweg mit der Begründung ab, dass in aller Regel Arbeiten tagsüber und nicht nächtens verrichtet zu werden pflegten. In den Ablehnungsbegründungen wurde auch auf die bisherigen Vergehen (Diebstahl von einem Schlachtschwein, Diebstahl junger Bäume, unerlaubtes Scheren eines Schafes in der Nacht, Diebstahl einer Uhr etc.) verwiesen.

Da sich in der folgenden Zeit auch die Diebstähle im Rheiderland mehrten, erwog die Landdrostei einen der Landdragoner von Marienhafe nach Holthusen im Amt Leer abzuziehen. Eine Entscheidung zu diesem Sachverhalt geht aus den Quellen nicht hervor.

Im Jahre 1840 wollten sich zwei der unter der besonderen Aufsicht stehenden Einwohner aufgrund ihrer Arbeitslosigkeit nach Holland begeben, weil sie dort nach ihrer Ansicht bessere Arbeitsmöglichkeiten vorfinden würden. Sie hatten bis dahin hauptsächlich als Torfgräber gearbeitet. Auch diese an sich gutzuheißende Absicht der Männer konnte die Behörden nicht zu einer Aufhebung der Freiheitsbeschränkungen bewegen. Wie zahlreiche andere Anträge wurde das Gesuch abgelehnt.

Die sogenannte Hollandgängerei war für viele Menschen aus den unterbäuerlichen Schichten eine zusätzliche Arbeits- und Verdienstmöglichkeit, um eine ausreichende Lebenshaltung auf niedrigstem Niveau zu ermöglichen. Besonders bei unterbäuerlichen Schichten im Raum Osnabrück stellte diese Arbeitsmöglichkeit traditionell eine lebensnotwendige Einnahmequelle zwischen Saat- und Erntezeit dar.

Der Antrag der Dorfbewohner stellt ein Indiz für die Mobilität der unterständischen Schichten dar, die die Not auf die Straße trieb, um nach Überlebensmöglichkeiten zu suchen. Dies lässt sich durchaus als eine in Notzeiten vorhandene Mobilität der ländlichen Unterschichten werten, die nach der Denkweise und der Sitte der herrschenden Gesellschaft jener Zeit recht ungewöhnlich erscheint.

Im Jahre 1847 fand eine Besprechung im Amt Norden mit den Ortsvorstehern von Schott, Upgant, Marienhafe und Osteel statt. Es ging um die Notwendigkeit der Anstellung eines Polizeiaufsehers in der Kolonie Rechtsupweg. Aufgrund der Missernten waren die Armenbeiträge der Dörfer in den Jahren 1845, 1846 und für das laufende Jahr 1847 sehr gestiegen. 1844 hatte das zuständige Kirchspiel Marienhafe noch 500 Reichstaler an Armenlasten zu zahlen, 1847 waren es bereits 1.000 Reichstaler. Es mussten zusätzlich noch 800 Reichstaler angeliehen werden. Damit war etwa eine dreifache Erhöhung der Armengelder nötig geworden. Die Ortsvorsteher Leerhoff, Willms und Onken berichteten über das Armenwesen und die besonderen Probleme in ihrem Kirchspiel.

Ihre Auszahlungen an Arme hatten ihr Budget weit überschritten, was sie auf mehrfache Missernten an Kartoffeln, aber nicht so sehr auf die enormen Preissteigerungen zurückführten. Für die Armen war das Schulgeld zu zahlen, dass immer mehr Siedler nicht mehr aufbringen konnten, weil die Kolonate durch Teilungen zu klein geworden waren, um Familien zu ernähren und um Abgaben und Schulgeld zu erwirtschaften.

Zur Finanzierung einer Polizeiaufseherstelle wollten die Ortsvorsteher nicht gerne etwas beitragen. Sie waren, was die Diebstähle anbetraf, nicht besonders daran interessiert. Die Dorfvorsteher sahen sich nicht betroffen. Nach ihrer Einschätzung würden die Rechtupweger nicht in der Nähe ihre Diebstähle durchführen, sondern dies in entfernteren Gebieten tun.

Obwohl auch der Superintendent Fischer aus Forlitz wegen des unregelmäßigen Schulbesuchs der Rechtsupweger Kinder für die Einstellung eines Polizeiaufsehers plädierte, fiel darüber nach Lage der Akten keine Entscheidung. Schon 1836 hatte die Landdrostei Bitten des Marienhafer Predigers und des Rechtsupweger Schulmeisters um einen Polizeiaufseher aus Kostengründen abgelehnt. Es sollten vielmehr bei auftretenden Problemen die allgemeinen Vorschriften und Verordnungen umgesetzt werden.

Neben der Einrichtung von Polizeiaufseherstellen hielten viele Behördenvertreter in den Hungerjahren den Bau von Arbeitshäusern für das richtige Mittel, um Leute vom Betteln und Stehlen abzuhalten und einer sinnvollen Tätigkeit zuzuführen. Den Wert von Arbeitshäusern sahen viele in erster Linie darin, dass diese Einrichtungen die Armen indirekt zur Arbeit anhielten. Die Armen fürchteten allgemein das Arbeitshaus, in denen sie mit Verbrechern, Gewalttätigen und Irren unter schlimmen hygienischen Verhältnissen zusammenkamen. Die Erfahrung hatte gelehrt, dass die Errichtung eines Arbeitshauses dazu führte, dass Fürsorgeansprüche sanken, da die Armen, die früher Armengelder als ihr Recht eingefordert hatten, versuchten, ohne Unterstützungen durchzukommen, um auf jeden Fall einer Einweisung in das Arbeitshaus zu umgehen.

Die Behörden in Ostfriesland sahen einen Ausweg aus der Misere fast immer in der Verbesserung und Verstärkung der repressiven Instrumente der staatlichen Stellen. Das Bürgertum stützte sich in seinen Anschauungen über die hungernden Unterschichten auf Ideen und Konzepte, die die eigene Lebensführung absicherten, und berief sich in der Regel bequem auf das eigene Herkommen. Die Sache der Bedürftigen wurde damit abgetan, dass man die unansehnlichen Menschen zur Arbeit hinführen oder mit unzureichenden Mitteln ihre Volksschulbildung verbessern wollte. Die Not spiegelte sich dann auch in den Überlegungen der staatlichen Stellen, Schulen bei der Suche nach einer Abhilfe der Zustände in die Pläne einzubeziehen. In dem Zusammenhang wurden in verschiedenen Dorfschaften sogenannte Industrieschulen eingerichtet.

Das augenfälligste Merkmal der Entwicklung hin zu den Industrieschulen war die Einführung gewerblicher Tätigkeiten in den Land- und Armenschulen. Damit wollte man die Schüler zu gewerblichen Arbeiten neben den landwirtschaftlichen Betätigungen hinführen und vom Betteln abhalten. Handarbeiten in der Schule und als Teil der Erziehung schienen dazu die beste Voraussetzung zu sein.

Das Bettelunwesen und die damit verbundene Hungerkriminalität hielten aber bis zum Ende der Herrschaft des Königreiches Hannover über Ostfriesland in verschiedenen Gebieten der Region mal mehr, mal weniger intensiv an.

Wegeverhältnisse und erste Straßen

Was die Wege in Ostfriesland angehe, könne festgestellt werden, *„daß keine Provinz in allen königlichen Landen* (damit) *so schlecht situieret sei wie Ostfriesland."*
Dieses Urteil fällte die preußische Kriegs- und Domänenkammer auf einer Konferenz im Jahre 1753. Seit dem Tod des letzten Fürsten aus der Familie Cirksena war Ostfriesland ab 1744 eine preußische Provinz und die Kriegs- und Domänenkammer in Aurich eine Behörde, die u. a. für Handel, Wirtschaft, Verkehr sowie für die Kommunal- und Polizeiaufsicht zuständig war. Die Kammerherren machten die Beschaffenheit des Landes und seine abgelegene Lage für die schlechten Wege verantwortlich. Auf der Konferenz im Jahre 1753, die sich mit der Verbesserung der Wege befasste, warnte die Kammer aber davor, die Ostfriesen bei zukünftigen Straßenbauten und Wegeverbesserungen finanziell zu stark zu belasten. Zurückliegende Ernteausfälle, Viehseuchen und Deichbauten nannte die Kammer damals als Gründe, warum den Ostfriesen die Aufbürdung neuer Lasten erspart bleiben sollte.
Natürlich hat es auch in Ostfriesland seit jeher Wege gegeben. Da waren in frühgeschichtlicher Zeit z. B. der Friesische Heerweg, der Conrebbersweg und der Radbodsweg, um nur drei uralte Wege zu nennen, die auch heute noch in weiten Teilen der Bevölkerung unserer Region zumindest namentlich bekannt sind.
Im 16. Jahrhundert finden wir zahlreiche Heerwege vor. Von Aurich im Zentrum Ostfrieslands führte ein Heerweg über Victorbur und Marienhafe nach Norden, ein weiterer Heerweg über Bangstede und Riepe nach Emden, ein Weg ging über Aurich-Oldendorf, Bagband und Hesel nach Leer, ein Heerweg verlief über Aurich-Egels und Rispel nach Jever und ein Heerweg über Sandhorst und Coldinne nach Dornum. Von der Stadt Norden aus gab es darüber hinaus den bedeutenden Heerweg über Esens, Wittmund, Friedeburg, Bockhorn und Wiefelstede bis nach Oldenburg.
Schon in fürstlicher Zeit war man auf dem Gebiet des Wegebaus aktiv. So wurde durch das behördliche Schreiben vom 18. Mai 1669 eine Ausbesserung der Brücken, Wege und Dämme angeordnet, um die Lage für die Bevölkerung in der Region zu verbessern. Im Jahre 1712 wurde eine Verordnung erlassen, dass die schlechten Wegeabschnitte mit Flinten gepflastert oder mit Sand erhöht werden sollten. Nach dem ostfriesischen Landrecht waren Teile von verfallenen Erbschaften für die Unterhaltung der Wege und Stege eines Ortes zu verwenden. Das Landrecht verlangte auch, dass Landbesitzer den Gemeindeweg, an dem ihr Grund und Boden lag, in einer Breite von 12 Fuß (1 Fuß = ca. 30 cm) unterhalten mussten. Nach Artikel 87 des Osterhusischen Akkordes von 1611 sollten die „grünen" Wege zwecks ihrer Unterhaltung an Interessenten vergeben werden. Entwässerungsgräben waren von sämtlichen Anliegern zu unterhalten, Pumpen, Stege, Übergänge und Brücken von allen, deren Abwässer darunter abliefen. Oft wurden Prediger und Beamte von dieser Pflicht befreit, vor allem wenn sie deswegen prozessiert hatten.
Bedeutende Handelswege entwickelten sich aber in Ostfriesland bis 1800 nicht. Es entstanden jedoch um 1600 bereits zahlreiche Haupt- und Nebenwege vor allem in der Krummhörn. Der Güteraustausch bewegte sich auf den Strecken in bescheidenen Grenzen. Die Erzeugung konzentrierte sich hauptsächlich auf den Eigenverbrauch. Was aus Emden und Leer nach auswärts weitertransportiert werden musste, wurde auf dem Wasserweg befördert. Die Wege blieben ein Problem und dies wurde auch von auswärtigen Besuchern registriert und diese Eindrücke finden sich heute in schriftlichen Quellen wieder. Als der Niederländer Hebelius Potter am Anfang des 19. Jahrhunderts durch Ostfriesland reiste, musste er mit

Entsetzen feststellen, dass er als Fußgänger oftmals nicht in der Lage war, bei jedem Schritt die Beine aus dem Boden der Wege zu ziehen. Allein der Frost, wenn er im Boden steckte, machte es möglich, sich auf den Wegstrecken irgendwie durchzukämpfen. Wenn es Fußgängern schon so erging, wie mag es dann für Kutschen gewesen sein, sich auf diesen Wegen fortzubewegen.

Auch bei der Übernahme Ostfrieslands durch Hannover im Jahre 1815 waren die damaligen Wege unbefestigt und in den Herbst- und Wintermonaten vielfach unpassierbar. Die Bauern führten bei Abfuhr von Heu und Torf meist Reisigbündel mit sich, um tiefe Stellen durchqueren zu können. Die Unterhaltung der Gemeindewege war eine Sache der Einwohner der Kommune, die Leistungen erfolgten in *„Hand- und Spanndiensten.“* Die zwischen den Ortschaften liegenden Wege waren in der Regel in Pfänder (Abschnitte) eingeteilt, die von mehreren Gemeinden zu unterhalten waren.

Jedem ostfriesischen Bauermeister (Ortsvorsteher) oblag die Sorge und Aufsicht über die Wege seiner Dorfschaft. Die Heerwege, Dorfwege, Fußpfade, Stege und Brücken waren dieser Person von den Ämtern unterstellt. Waren bestimmte Wege seiner Gemeinde in Pfänder eingeteilt, die von Eingesessenen anderer Kommunen unterhalten werden mussten, hatte der Bauermeister genau über die vorhandenen Register Buch zu führen und darauf zu achten, dass die darin aufgeführten Obliegenheiten erfüllt wurden. Dorfbewohner, die ihre Aufgabe nicht erfüllt hatten, musste der Bauermeister beim Amtsvogt melden. Den jeweiligen Umständen nach konnte er die mangelhaften Wegestellen für Geld auf Kosten der säumigen Gemeindemitglieder gleich instand setzen lassen.

Alle Fußpfade standen unter besonderer Aufsicht, besonders wenn sie als Kirchenwege dienten. Die Brücken und Stege mussten mit Geländern versehen sein; alle sonstigen Übertritte sollten für die Bevölkerung stets sicher benutzt werden können.

War die Bauernschaft verpflichtet, Wege außerhalb der eigenen Kommune zu unterhalten, war es Aufgabe des Ortsvorstehers, die erforderlichen Arbeitsgruppen zusammenzustellen. Alle Nachlässigkeiten der Dienstpflichtigen in Wegebausachen wurden mit hohen Strafen geahndet.

Trotz alledem war die Region in bestimmten Jahreszeiten und bei entsprechender Witterung unpassierbar. Dorfschiffer mussten die kleinen Ortschaften der Krummhörn mit Dingen des täglichen Bedarfs versorgen, weil zahlreiche Kleiwege zur Sommerzeit steinharte, unebene Strecken hatten oder sich dem Reisenden im Frühjahr, Herbst und Winter als öde Schlammlöcher darboten. Auf den Moorwegen und sogar auf Sandwegen trugen die Pferde bei ungünstiger Wetterlage Holztrippen, um bloß nicht einzusinken.

Die Allgemeine Chaussee-Ordnung vom 30. April 1824 brachte Neuregelungen im hannoverschen Straßenwesen. Das Wegegesetz teilte die Routen in drei Klassen; es gab die (Provinzial-) Chausseen, (Kreis-) Landstraßen und Gemeindewege. Als hannoversche Staatsstraßen dienten die Chausseen wie die Wasserstraßen ursprünglich dem Durchgangsverkehr. Mit Einführung der Eisenbahnen wurden sie zudem deren Zubringer.

Sogenannte Staatschausseen waren die ersten Steinstraßen in der Provinz Ostfriesland, die auf Kosten des Staates gebaut wurden. Als erste Chaussee entstand die Verbindung zwischen Leer und Aurich in den Jahren 1834 bis 1840, danach die Strecke Hesel bis Moorburg zwischen 1838 und 1842.

Zum Jahresanfang 1839 beschloss das Innenministerium, die Aufnahme der Verbindung von Aurich nach Emden in den Staatsstraßenetat aufzunehmen. Man wollte möglichst bald mit dem Chausseebau beginnen. Die ostfriesischen Stände bewilligten aus eigenen Mitteln für das Jahr 50.000 Taler zur Verbesserung der Wege in der Provinz. Allein für den Ausbau der Strecke nach Aurich bot die Stadt Emden eine Beihilfe von 5.000 Talern an. Die Strecke umfasste etwa 26 Kilometer. Der Bau zog sich über mehrere Jahre hin und dauerte bis zu seiner Vollendung bis 1845.

Es folgten die Strecken von Leer bis Neuschanz 1840 - 1854, Aurich bis Wittmund und Carolinensiel 1841 - 1869, Ogenbargen bis Esens 1843 - 1863, Georgsheil über Norden bis Norddeich 1843 - 1848 und Sande bis Wilhelmshaven 1857- 1859. Oft zogen sich die Bauarbeiten über Jahrzehnte hin, weil man nicht unentwegt an den Strecken tätig war, sondern abschnittsweise und nach den jeweiligen finanziellen Möglichkeiten vorging. Als Baumaterial wurden Flinten verwendet, die man von den Heidfeldern geholt oder aus dem Münsterland und auch anderen Gegenden Deutschlands eingeführt hatte. In der Regel verliefen neben der besteinten Fahrstrecke noch ein unbefestigter Sommerweg sowie ein besonderer Fußweg.

Man trieb den Bau von Steinstraßen zwischen den Dörfern stark voran, nachdem Mitte des 19. Jahrhunderts auf Grundlage von gesetzlichen Verordnungen in den Amtsbezirken Wegeverbände gebildet worden waren. Bis zum 1. April 1878 konnten im Amtsbezirk Norden 61,099 km Landstraßen hergestellt werden. Um 1880 gab es in Ostfriesland schon ein umfangreiches Landstraßennetz. Durch den Altkreis Norden führten folgende Landstraßen ganz oder auch teilweise: Sandhorst - Westerholt - Dornum mit 18,714 km, Westerholt - Arle - Hage mit 9,237 km, Norden - Dornum - Esens - Neuharlingersiel mit 41,008 km, Norden - Schoonort mit 8,396 km, Norden - Westermarsch mit 9,347 km, Norden - Lintelermarsch - Neßmersiel - Dornumersiel mit 21,031 km, Berum - Hagermarsch – Hilgenriedersiel mit 3,967 km, Dornum - Dornumergrode mit 2,516 km, Schoonort - Grimersum - Pewsum - Rysum mit 16,968 km, Grimersum – Wirdum - Schott - Upgant mit 6,000 km, Greetsiel - Eilsum - Pewsum - Hinte - Harsweg mit 20,266 km, Greetsiel - Manslagt - Groothusen mit 9,350 km, Eilsum - Uttum - Hinte mit 7,572 km, Wirdum - Aland - Loppersum mit 5,200 km, Emden - Larrelt - Rysum mit 11,769 km.

Aus der Zeit um 1850 liegt ein Reisebericht des Freiherrn Albert von Seld vor, der feststellte, dass zu seiner Zeit im Winter weder Mensch noch Vieh über die Grenzen der Häuser und Ställe hinauskamen, weil die Wege in den fetten Gegenden so unwegsam waren, dass sie oft Monate lang von den Wagen nicht befahren werden konnten und so zudem ein Besuch bei den nächsten Verwandten meistens lange aufgeschoben werden musste. Dadurch wurden auch die Pferde von der Arbeit entwöhnt, weil sie vier bis fünf Monate nicht aus dem Stall herauskamen. Selbst in den Städten halte man es in der nassen Jahreszeit für untunlich, eine Kutschfahrt zu machen.

Am Ende der hannoverschen Zeit in Ostfriesland bot sich die Chaussee von Aurich nach Georgsheil nach den subjektiven Einschätzungen eines Zeitgenossen als breite, fest gepflasterte Fahrstraße dar. Auf der linken Seite in Richtung Georgsheil befand sich ein Fußweg, auf der rechten Seite war ein lockerer Sandweg. Dieser ungepflasterte sogenannte Sommerweg diente in erster Linie zum Ausweichen von entgegenkommenden Gespannen.

Mehrmals täglich fuhr die gelbe, königliche Postkutsche, die sechs Sitzplätze hatte, bis Georgsheil. In Georgsheil traf sie sich mit den Kutschen aus Emden und Norden. Der Verkehr war für damalige Verhältnisse stark, denn es wurden nicht nur immer öfter Beiwagen gestellt; neben der Post gab es einen geregelten Pferde-Omnibusverkehr von Aurich bis Georgsheil. Die Fahrt mit dem Omnibus war etwas billiger als mit der Post. Der Omnibus fuhr nicht schneller als die Kutsche. Die Steinpflasterung machte den Pferden das Ziehen der verschiedenen Kutschen und Wagen schwer. Die Kopfsteinpflasterung tat den Pferdebeinen nicht gut und ruinierte auch viele Wagenräder. Allerdings verlief der unbefestigte Sommerweg neben der gepflasterten Straße, der die Pferdebeine schonte und von den Gespannten vielfach genutzt wurde.

Die zum 1. April 1885 gebildeten Landkreise wurden die Rechtsnachfolger der Wegeverbände. Für den Straßenbau konnten die erforderlichen Mittel im Wesentlichen aus Einnahmen von sogenannten Wegegeldhebestellen, aus freiwilligen Leistungen bzw. Zuschüssen von den durch die Baumaßnahmen berührten Gemeinden, aus Beihilfen des Provinzialverbandes sowie aus den von den Kommunen allgemein aufzubringenden Pflichtleistungen an die Wegeverbände aufgebracht werden. Oftmals war es aber auch noch nötig, Kredite aufzunehmen. Lange Zeit existierte innerhalb der Haushaltswirtschaft der Landkreiskommunalkassen eine spezielle Landstraßenbaukasse.

In der Regel wurde nach Fertigstellung der einzelnen Straßen mit der Erhebung der Wegegelder begonnen. Dies erfolgte nach Gründung der Landkreise auf Beschluss des jeweiligen Kreistages als gesetzlicher Vertretung des Wegeverbandes und die Genehmigung des Regierungspräsidenten in Aurich war dafür nötig.

Über das Hebammenwesen

Frauen in allen Kulturen halfen einander bei der Geburt ihres Nachwuchses von jeher. Schon in den Quellen aus vorchristlicher Zeit finden sich Belege dafür, dass Hebammen ihre Tätigkeit nicht nur als eine solidarische Hilfe ausübten, sondern kenntnisreiche, erfahrene Personen waren, die aufgrund ihres Fachwissens in das Haus der Gebärenden geholt wurden und allgemein großen Respekt genossen.

Im Altertum konnten Frauen nur Hebammen werden, wenn sie selbst schon Kinder zur Welt gebracht und bereits ein so hohes Alter erreicht hatten, dass sie selbst nicht mehr schwanger werden konnten. So war einerseits gewährleistet, dass sie eigene Geburtserfahrungen hatten und andererseits zu jeder Zeit einsatzbereit waren, weil sie sich nicht mehr um eigenen Nachwuchs kümmern mussten. Im alten Griechenland gehörten um 400 v. Chr. die Anregung und Reduzierung der Wehen sowie die Geburtshilfe bei der Entbindung des Kindes zu ihren Hauptaufgaben. So entwickelte sich aus der Hebammenkunst mit der Zeit einer der ältesten Frauenberufe.

Bereits aus dem 11. Jahrhundert liegen schriftliche Abhandlungen über Frauenheilkunde vor. Im Mittelalter hatten Hebammen im europäischen Raum aufgrund kirchlicher Order u. a. die Aufgabe, alle Neugeborenen persönlich zur Taufe zu bringen und im Fall eines Kindstodes unter der Geburt die Nottaufe vorzunehmen.

Es entstanden am Ende des Mittelalters erste Berufsordnungen für Hebammen, und man ging in einigen Regionen auch daran, eine einheitliche Ausbildung für die Frauen zu organisieren. Bereits im 14. Jahrhundert finden sich Belege für Hebammeneide, die bei der Verpflichtung von gewerblich tätigen Geburtshelferinnen gesprochen wurden. Immer mehr Gebote und Verbote regelten die Arbeit der Hebammen. Um 1500 erarbeiteten Amtsärzte umfangreiche Hebammenordnungen, die u. a. bestimmten, dass gewerbliche Geburtshelferinnen erst zugelassen werden konnten, wenn sie nach ihrer Ausbildung eine Prüfung abgelegt und bei Ärzten ihre praktischen Kenntnisse nachgewiesen hatten.

Nach dem Epochenwechsel erschienen bedeutende Handbücher über Geburtshilfe mit bildlichen Darstellungen von verschiedenen Kindslagen im Mutterleib und von Gebärstühlen, die bei Geburten eingesetzt wurden.

Zum Ende des 17. Jahrhunderts publizierte man in deutschen Landen das erste Lehrbuch für Hebammen; es gab mehrere Auflagen dieses Standardwerkes. In dem Werk werden u. a. unnormale Geburtslagen und deren Lösungen in großer Präzision beschrieben.

Im Preußen Friedrichs des Großen erließ die oberste Gesundheitsbehörde in Berlin im Herbst des Jahres 1751 Bestimmungen für Hebammen, die auch in der Provinz Ostfriesland eingehalten werden mussten. Geburtshelferinnen wurden damals auch als Wehemütter oder Bademütter bezeichnet. In Aurich befand sich das „Collegium Medicum", die Behörde, die die Bestimmungen in der Region durchführen musste. Sämtliche Verfügungen wurden daraufhin der Bevölkerung durch Kanzelabkündigung in den Kirchen und durch Anschlag an öffentlichen Gebäuden bekanntgemacht.

In der Verordnung wurde festgelegt, dass der Lohn der vereidigten Hebammen bei ihrer Hilfeleistung für eine Gebärende je nach Vermögen dieser Person auf eine Summe von 18 Schaf (27 Schaf=1 Reichstaler) bis zu einem Reichstaler festgesetzt wurde. Man erhoffte sich von den Lohnfestlegungen, dass sich die Geburtshelferinnen noch gewissenhafter um die Gebärenden kümmern und ihr Gewerbe mit noch mehr Geschicklichkeit ausüben würden. Den Bademüttern wurde empfohlen, von der Festsetzung ihres Honorars keinen „üblen Gebrauch" zu machen und sich bei armen Gebärenden mit einem Mindestlohn zufrieden zu geben. Gleichzeitig sollten reiche Damen nicht daran gehindert werden, den Helferinnen nach guter Arbeit einen noch höheren Lohn auszuzahlen.

Insbesondere in ländlichen Gebieten mangelte es in der zweiten Hälfte des 18. Jahrhunderts noch überall an qualifizierten Wehemüttern. Im August des Jahres 1765 wies die königliche Regierung in Aurich ihre unteren Dienststellen an, Mittel und Wege aufzuzeigen, wie man die Missstände auf dem Gebiet der Geburtshilfe beheben könnte. Die Regierung war der Meinung, dass der Mangel an guten Hebammen im Fürstentum Ostfriesland daher rührte, weil Frauen wegen der geringen Verdienstmöglichkeiten nicht die Mühe aufwandten, sich mit Fleiß auf diesen Beruf vorzubereiten und sich von Ärzten unterweisen und anschließend prüfen zu lassen.

Um gute Personen zu motivieren, den Beruf der Geburtshelferin zu erlernen, erwog die Regierung zunächst den von der Gesundheitsbehörde zugelassenen Hebammen Steuerbefreiungen in Aussicht zu stellen. Diese sollten sich auf solche Steuern beziehen, die an die städtischen Kämmereikassen zu zahlen waren. Die Landeskasse sollte dadurch auf gar keinen Fall Einbußen erleiden. Auf die Steuern der Hebammen konnten die Städte leichter verzichten, weil die Geburtshelferinnen in der Regel Frauen aus dem unteren Stand waren. Die Befreiungen sollten aber besser situierten Hebammen nicht zuteil werden.

Des Weiteren hatten die Magistrate die Schüttmeister (= Dorfvorsteher) und die Hebammen von der geplanten Maßnahme in Kenntnis zu setzen und die amtlich zugelassenen Geburtshelferinnen aufzufordern, zur besseren Ausübung ihres Gewerbes Fachbücher zu lesen und sich bei den Ärzten vor Ort Rat zu holen. Den nicht zugelassenen Hebammen sollten ihre Dienste verboten werden.

Aus dem Jahr 1766 berichten die Quellen darüber, dass zahlreiche Hebammen in Ostfriesland bei ehelich geborenen Kindern von den Familien lediglich acht bis sechzehn Groschen verlangten, aber bei unehelich geborenen Kindern sogar einen Reichstaler und noch mehr Lohn forderten und dies damit begründeten, dass sie bei ehelich geborenen Kindern noch weitere Beträge als Anerkennung ihrer Arbeit erhalten würden. In dieser Sache erging der Befehl der Regierung an die Magistrate, für die umgehende Abstellung dieses Missbrauchs zu sorgen, weil die Vorgehensweise der Bademütter unübersehbare Folgen nach sich ziehen würde und ein erlassenes Gesetz wider den Kindsmord unwirksam machen könnte. Zukünftig sollten alle angehenden Mütter, die unehelich ein Kind zur Welt brachten, nicht mehr bezahlen als diejenigen, die von ehelich gezeugtem Nachwuchs entbunden wurden. Hebammen, die gegen diese Verordnung verstießen, sollten mit einer Strafe von 100 Reichstalern belegt werden.

Natürlich war den Behörden bekannt, dass die Wehemütter einen größeren Verdienst bei der Geburt eines ehelich geborenen Kindes zu erwarten hatten als bei der Geburt eines unehelichen Kindes. Bei den meist groß gefeierten Kindstaufen in den besseren Kreisen waren die Hebammen oft die Hauptpersonen, weil sie den Gästen das Neugeborene reichten und dafür besonders von den engen Verwandten einen Geldbetrag geschenkt bekamen.

Im Wittmunder Raum nannten die Frauen den Tag, an dem eine Schwangere das Kind zur Welt brachte, einen Frauentag. Wenn die Geburt anstand, ließen vornehme Damen die Frauen des Orts in ihr Haus holen und die weiblichen Gäste verbrachten diesen spannenden Tag im Haus der Gebärenden damit, sich ordentlich zu betrinken. Das führte oft dazu, dass durch die betrunkenen Frauen mit ihrem Geschrei und Gezeter große Unruhe und Anspannung bei der Gebärenden aufkamen, was sich natürlich negativ auf die anstehende Geburt auswirkte.

Im Gegensatz dazu gab es die Geburten, die sich in Armut und Elend sowie in schlimmen hygienischen Zuständen abspielten und sehr oft mit dem Tode des Neugeborenen und auch der Mutter endeten. Die Eintragungen in vielen Kirchenbüchern Ostfrieslands geben davon ein trauriges Zeugnis. Ein Beispiel aus einer kleinen Dorfschaft führt uns die schlimmen Verhältnisse vor Augen. Ein Tagelöhner namens Siebelt Hangen lebte 1759 mit seiner kleinen Familie in einer Behausung, die mehr eine Hütte war und mit primitiven Baumaterialien errichtet worden war. Am 2. April 1759 wurde Siebelts Frau Antje von einem kleinen Mädchen entbunden. Der Pastor der zuständigen Kirchengemeinde vermerkt dazu in den Kirchenbüchern:

„… Theene (den 2ten April ist Antje Rolfs des Siebold Hangen in der Theene eines Arbeiters Ehefrau niedergekommen. Das Töchterlein hat wegen der schräcklichen Umstände die Noth Taufe bekommen. Von der Wehemutter Hemcke Arends ist es in Gegenwart der Mutter, Großmutter Meeste Harmens, und Metje Simons getaufet worden. Den folgenden Tag darauf ist es hier gebracht, da die Metje Simons die Fragen von der Noth Taufe in der Kirchen Ordnung mit Ja beantwortet. Darauf denn auch diese Taufe in Gegenwart von Hinrich Albers, Bewe Autets, Gretje Autets und Metje Simons bestätigt worden. Bey der Taufe ist das Kindlein mit dem Nahmen Antje von der Wehemutter beleget worden.)"

Die kleine, sehr schwache Antje starb wenige Tage darauf.

Auch am Ende des 18. Jahrhunderts waren die Zustände im Hebammenwesen Ostfrieslands noch schlimm und unzureichend, wie Ausführungen in den „Wöchentlichen Ostfriesischen Anzeigen und Nachrichten" deutlich machen. Demnach gab es zwar viele Frauen, die sich zwar Wehemütter nannten, aber den gebärenden Frauen nicht helfen konnten, wenn es zu Problemen bei der Geburt kam. Die Frauen waren verloren, wenn sie diesen Bademüttern in die Hände fielen. Bereits 1790 hatte der Landphysikus Siemerling die Idee, in Aurich ein Entbindungshaus zu errichten und eine Hebammenschule aufzubauen. Sein Plan fand anscheinend Gehör bei den ostfriesischen Ständen, denn 1792 konnte in der Stadt das erste Hebammeninstitut für Ostfriesland eröffnet werden. Pro Jahr sollten in dem Haus zwölf Schwangere betreut werden. Es wurde in dem Zusammenhang eine „Instruktion für die Hebammenlehre bei der Aurichschen Hebammenschule und Entbindungshaus" erlassen. Darin ist zu lesen, dass vor allem Schwangere aufgenommen wurden, die aufgrund ihrer Armut und Unfähigkeit zur Arbeit nicht in der Lage waren, sich und ihren Nachwuchs zu ernähren. Das bedeutete nichts anderes, als dass man in erster Linie unverheiratete und ganz unvermögende Frauen unterstützte und dass an deren Entbindungen die zukünftigen Hebammen ihr Gewerbe erlernen sollten. Über die praktische Unterweisung hinaus erhielten die Hebammenschülerinnen wöchentlich vier Stunden theoretischen Unterricht.

Die schwangeren Frauen, die in dem Institut der Entbindung entgegensahen, durften bereits sechs Wochen vor der Entbindung dort beherbergt werden und in dem Gebäude auch sechs Wochen nach der Entbindung verbleiben, um sich und ihre Säuglinge von den angehenden Wehemüttern betreuen zu lassen.

Die Auricher Stadtbevölkerung sah das Wirken in dem Institut zum Teil mit großer Skepsis, weil hauptsächlich ledige und arme Frauen versorgt wurden. Es gab Personen, die befürchteten, dass in dem Gebäude vor allem käufliche Dirnen öffentlich unterstützt wurden, und mancher Auricher wollte nicht erkennen, dass der wahre Zweck des Hauses doch darin bestand, künftige Bademütter so gut wie möglich auf ihr wichtiges Amt vorzubereiten und die Geburtshelferinnen bei den Entbindungen sinnlich und anschaulich lernen zu lassen. Darüber hinaus konnten die zukünftigen Hebammen nach der Entbindung lernen, wie man Entbundene und Säuglinge im Wochenbett richtig pflegt und versorgt.

Der Initiator des Hebammeninstituts, Landphysikus Siemerling, verließ die Einrichtung wahrscheinlich aufgrund von Anfeindungen aus der Bevölkerung. Man sprach ihm die Kompetenz ab und das Gerücht ging, er würde bei komplizierten Geburten eine alte, erfahrene Hebamme zu Rate ziehen.

Der Emder Arzt Friedrich von Halem übernahm 1798 die Leitung des Instituts und nach den Napoleonischen Kriegen wurde die Hebammenschule 1817 nach Emden verlegt, wo der dortige Stadtphysikus Conrad Laporte die Direktion übernahm. Ostfriesland war 1815 an Hannover gefallen und die Landdrostei in Aurich, eine Verwaltungsbehörde des Königreiches Hannover, konzessionierte ab 1823 die Hebammen nach ihrer praktischen und theoretischen Ausbildung am Hebammeninstitut. Die Geburtshelferinnen hatten einen Eid abzulegen und schworen „bei Gott und dem Allmächtigen" ihr Gewerbe so auszuüben, wie es ihnen gelehrt worden sei und vorgeschrieben wurde.

Der nach Conrad Laporte für das Institut zuständige Leiter verlegte die Hebammenschule 1852 wieder nach Aurich und damit in das Zentrum der Region. Das Gebäude der damaligen Hebammenschule ist bis heute in der Stadt in ursprünglicher Bauweise erhalten geblieben.

Anscheinend war die Entlohnung der Bademütter um die Mitte des 19. Jahrhunderts noch recht unzureichend, denn es finden sich in den Archiven Unterlagen, in denen z. B. eine Hebamme bei den Behörden um eine Zuwendung zum Kauf eines Wintermantels bittet und dies damit begründet, dass ihr der Verdienst eine Anschaffung bisher unmöglich machte, man sie aber doch auch nachts und im Winter an die Betten der Gebärenden auf dem platten Lande rufen würde und ein Mantel zur Erhaltung ihrer Gesundheit notwendig sei.

So erließ das Königreich Hannover letztendlich im Jahre 1856 das dringend nötige Gesetz über die Entlohnung der Hebammen. Demnach wurden die bestellten Hebammen in der Zukunft nicht mehr nur pro Entbindung bezahlt, sondern es sollten ihnen die Landgemeinden zusätzlich ein festes jährliches Gehalt von zehn Talern zahlen. Zu dieser Zeit gab es mittlerweile in den meisten ostfriesischen Dorfschaften staatlich ausgebildete Hebammen, die ihren wichtigen Beruf zum Nutzen der entbindenden Frauen und ihres Nachwuchses ausübten.

Fischer auf der Ems

Edo Battermann und seine Brüder sowie 20 weitere Fischer fürchteten im Jahre 1854 um ihre Existenz. Es ließ sich nach ihrer Meinung voraussehen, dass die Fischer an Ems, Leda und Jümme in bittere Armut versetzt würden, wenn die Behörden nicht aktiv wurden und die Organisation des Fischfangs und die Verteilung der Fanggründe nicht neu ordneten. Aber was war der Grund der großen Unruhe bei den ostfriesischen Fischern um die Mitte des 19. Jahrhunderts?

Zu der Zeit war in der Region bekannt geworden, dass die Eier der weiblichen Störe den begehrten Kaviar liefern. Der Rogen wurde in den großen Hafenstädten zu einer Delikatesse verarbeitet, die bei den Gourmetkennern in den Luxusrestaurants in aller Welt immer beliebter wurde. Bis dahin galt der Stör als ein gewöhnlicher Fisch, den die Fischer für wenig Geld anboten.

In Ostfriesland begann alles damit, als im Jahre 1851 zwei Aufkäufer aus Hamburg bei den Emsfischern Störrogen einkauften. Auch die Behörden erfuhren davon und ließen sich schon bald über die Angelegenheit genau informieren. In einer Erhebung wurde festgehalten, dass im Bereich Leerort sechs Fischer und auf der Leda vier Fischer Störfang betrieben. Den Störfang führte man aber schon in der ersten Hälfte des 18. Jahrhunderts durch. Die Fischer hatten jedoch nur das Fleisch verwertet. Im Jahre 1850 wurden insgesamt 476 Störe gefangen, davon mehr als 150 mit Rogen. Für das Jahr 1851 konnten noch höhere Fangergebnisse erzielt werden.

Bis dahin hatte es grundsätzlich in jeder Saison ordentliche Fänge gegeben und die Störfischerei in Ostfriesland erwies sich als wirtschaftlich stabiles Gewerbe. Es wurde sehr viel Störfleisch auf den Markt gebracht, so dass sich Mägde und Knechte bei ihrer Einstellung auf den Höfen versichern ließen, nicht häufiger als zweimal in der Woche Störfleisch vorgesetzt zu bekommen. So ist es zumindest aus bestimmten Gebieten Ostfrieslands überliefert.

Die Hamburger Geschäftsleute bezahlten zunächst einen guten Preis für den Rogen, der sich aber später schnell um das Sechsfache erhöhte. Das weckte Begehrlichkeiten und immer mehr Fischer konzentrierten sich auf den Störfang. Den Fischern wurden von den Aufkäufern aus der Hansestadt sogar bald Spezialnetze zur Verfügung gestellt, um noch erfolgreicher arbeiten zu können.

Es etablierte sich ein ganz neues Geschäft. Personen aus nah und fern, die vorher nie etwas mit dem Fischfang zu tun gehabt hatten, fingen an, sich mit dem Störfang zu befassen. Im Sommer 1853 kam sogar zu diesem Zweck eine größere Anzahl Fischer von Norderney die Ems herauf, um Störe zu fangen. Es waren etwa 40 Männer der Insel, die den Emsfischern das Fanggebiet streitig machten. Auseinandersetzungen waren die Folge, die sich immer mehr verstärkten, weil auch noch eine Anzahl von Handwerkern und Gewerbetreibenden aus Leer auf Ems und Leda aktiv wurde, um das einträgliche Geschäft des Störfangs auf eigene Rechnung zu betreiben.

Die Fischer um die Gebrüder Battermann aus Leerort verfassten daher 1854 ein Beschwerdeschreiben an das königliche Amt in Leer und stellten darin klar, dass die Norderneyer Fischer an der Unterems durch ihre größeren Netze und Boote ohne Zweifel nahezu den gesamten Fang für sich verbuchten. Edo Battermann, der zu dem Zeitpunkt ein junger Mann von 22 Jahren war, übernahm federführend die Sache in die Hand und schrieb, dass den Insulanern von Norderney der Fischfang in der Ems verboten werden müsse, weil die Inselbewohner doch ein gutes Auskommen durch den Schellfischfang vor den Inseln und durch die Vermietung ihrer Wohnungen an die Badegäste hatten. Ansonsten hätte der Zustand bald den Ruin der Emsfischer zur Folge, die schon immer hart um ihre Existenz kämpfen mussten.

Schon im Februar 1854 hatte sich eine weitere Person namens Johann Kramer an die Behörde gewandt und sich über die Feindseligkeiten mit den Norderneyer Fischern beklagt. Er bat im Interesse aller Beteiligten um eine behördliche Regelung der Angelegenheit und schlug vor, ihm für die nächsten zwölf Jahre die Verpachtung der Fischgründe für den Stör an Ems und Leda zu überlassen. Dieses Verfahren werde auch in ähnlicher Form in Russland und den Niederlanden durchgeführt und habe sich bewährt, weil alle künftigen Feindseligkeiten zwischen den Fischern ausgeschlossen werden konnten. Der Antragsteller bot dem königlichen Amt dafür eine jährliche Pachtsumme in Höhe von 300 Reichstalern an. Kramer verband mit seinem Angebot die Hoffnung, dass die Amtmänner sich für seine Pläne bei der zuständigen Oberbehörde in Hannover einsetzen würden, denn die hatte letztendlich in der Sache eine Entscheidung zu fällen.

Die Antwort auf die Bittschreiben von Battermann und Kramer ließ nicht lange auf sich warten. Anfang Mai 1854 teilte das Amt Leer den beiden Bittstellern mit, dass man auf ihre Anliegen nicht eingehen könne. Es sei jedem Einwohner freigestellt, ungehindert auf den öffentlich zugänglichen Gewässern zu fischen. Damit war für die Behörde der Fall erledigt.

Trotz alledem verlief der Störfang für alle weiterhin lukrativ und weitete sich sogar immer mehr aus. Noch im Jahr 1854 ließ sich ein gewisser Johann C. Brabandt, der aus dem Havelland stammte, als Fisch- und Kaviarhändler in Leer nieder. Er hatte kurz vorher in der Stadt die Bürgerrechte erworben. Brabandt lieferte in den folgenden Jahren große Mengen an Störrogen bis nach Berlin, Hamburg, Hannover und Kiel. Den Störrogen verkauften ihm Emsfischer aus Leerort, Ditzum und Oldersum.

Die Fangsaison begann immer im Mai, aber der Stör zeigte sich wohl hauptsächlich von etwa Anfang Juni an in Ems und Leda, worauf die Fischer sich einstellten.

Es soll in Leerort schon bald nach 1850 ein fachlich ausgebildeter Gehilfe der Aufkäufer stationiert gewesen sein, zu dessen Aufgabe es gehörte, den angelieferten Rogen unverzüglich zu präparieren, also zu Kaviar zu verarbeiten. Über die Einzelheiten der Arbeitsschritte, die dieser Gehilfe durchführte, ist nur wenig bekannt. Die „Eier" wurden in großen Sieben unter Verwendung von Regenwasser gereinigt. Danach machte man sie mit feinem Lüneburger Salz haltbar und auch eine Zugabe von bestem Öl folgte. Einzelheiten haben die Hamburger Fachleute den Leeranern nicht verraten. Wahrscheinlich benötigte man zu der Zeit für drei Pfund Kaviar den Zusatz von zwei Lot (1 Lot = ca. 16 Gramm) Seesalz und drei Lot Kochsalz.

Verpackt wurde der so bearbeitete Kaviar in Tonnen zu hundert Pfund und dann nach Hamburg geschickt. Über die Verarbeitungsvorgänge in den großen Städten ist nichts bekannt. Auch über die erzielten Gewinne liegen keine Nachrichten vor. Es kann aber davon ausgegangen werden, dass sie hoch waren angesichts des großen Interesses vor allem der Hamburger Geschäftsleute.

Die lukrativen Gewinne sind den Geschäftsleuten aus der ostfriesischen Hafenstadt Emden nicht unbekannt gewesen. Und diese weckten ihr Interesse, beim Roggenhandel mitzuwirken. Man war neidisch auf die Gewinne der Hamburger, und es fanden Versuche statt, dass Monopol der Hansestädter zu brechen, um die Gewinne in Ostfriesland zu belassen. Es gab Pläne der Emder den Kaviarhandel an sich zu ziehen und Emden zum Kaviarexporthafen zu machen. Nichts einzuwenden hatten die Emder gegen die bisher übliche Störfleischverwertung. Die dortigen Kaufleute waren in erster Linie an den Kaviar interessiert, weil der mit so großen Gewinnen verbunden war.

In der zweiten Hälfte des 19. Jahrhunderts war aber nicht nur der Störfang das Beuteziel der ostfriesischen Fischer. Ein Gewährsmann, langjähriger Binnenschiffer aus Emden, berichtete vor vielen Jahren, dass den Fischern in der Ems um 1900 noch große Heringsschwärme in die Netze gingen. Sogar Störe bis 150 Kilogramm, Lachse bis 15 Kilogramm und riesige Rochen wurden erbeutet. In Massen konnten Stinte und Sardellen gefangen werden, Sprotten gab es so viele, dass sogar die Stadt Kiel damit beliefert wurde. Die Kieler Sprotten waren überall bekannt, eigentlich waren es aber Emder Sprotten, die in Kiel verkauft wurden. So sah es zumindest der Gewährsmann aus Emden. Nach dessen Aussage wurden 1890 in der Ems 141 Störe gefangen, 1900 waren es 96 Stück. 1910 holten die Fischer nur noch 20 aus dem Wasser. Nach 1920 hörte die Störfischerei praktisch auf und beschränkte sich auf Zufallsfänge. Die Gründe für den Rückgang der Störfänge sah der Informant einerseits im Fang viel zu kleiner Exemplare, aber andererseits auch in der seit 1900 immer stärker einsetzenden Verunreinigung der Flüsse mit Industrieabwässern. Der alte Binnenfischer aus Emden berichtete, dass man um 1850 auf der Ems mit offenen Segelbooten fischte. Diese Boote waren wohl jedem Sturm und Seegang gewachsen. Weil der Fischfang so erfolgreich war, hatte man zu der Zeit auch Absatzschwierigkeiten, denn es gab noch nicht gute Möglichkeiten, die gefangenen Fische schnell über die Grenzen Ostfrieslands hinaus in die Großstädte zu schaffen. Erst die Eisenbahn erschloss für die ostfriesischen Fischer die Märkte der großen Städte in ausreichender Weise.

Alte Quellen berichten, dass um 1800 Fischer aus Ditzum auf der Ems Fischerei betrieben, die sich vor allem auf den Fang von Sardellen, Butt, Aal, Stint, Sprotten und Heringe erstreckte. Die Sardelle war ein ca. 15 Zentimeter langer Heringsfisch, der gesalzen und gelagert wurde, bevor er als besondere Delikatesse auf den Markt kam. Der Sardellenfang war um 1800 wahrscheinlich in Ditzum von großer Bedeutung, weil die Sardellen von dort aus sogar nach Groningen und in verschiedene Ostseegebiete exportiert wurden. Dass der Sardellenfang der Ditzumer auf der Ems beträchtlich war, ist daran zu ersehen, weil im Jahre 1792 über 80 Fässer, jedes Fass zu 3.000 Stück, in die Ostseegebiete gingen und noch weit mehr nach Groningen. Hauptfangzeit war der Monat Juni, dann wurden die meisten Sardellen gefangen, gesalzen und überall hin verkauft.

Ab ca. 1920 gab es die ersten Motorkutter auf der Ems. Die Antriebsmaschinen waren Glühkopfmotoren. Unser Gewährsmann bedauerte aus der Sicht eines alten Fischers, dass man das Wattenmeer von Emden bis zur Knock (Larrelt, Logumer-Vorwerk, Wybelsum) und später am Rysumer Nacken eingedeicht hatte. Damit war den Fischen ihr Lebensraum genommen worden, weil die Nährstoffe weitgehend fehlten. In der reißenden Strömung der Ems konnten sie nicht mehr richtig satt werden. Wo man den Tieren das Wattenmeer nehme, sei der gesamte Lebensraum gestört. So urteilte der Gewährsmann aus Emden resignierend und sehr betroffen schon vor langer Zeit.

Edo Battermann (*1832) aus Leerort, der in seiner aktiven Zeit eine „Institution" und Autorität der ostfriesischen Emsfischer war, stand 1903 Modell für die Fischerstatue im Treppenhaus des Rathauses der Stadt Leer und ist dort noch immer zu bewundern. Wahrscheinlich wurde ihm diese Ehre auch zuteil, weil er zwei Ertrinkenden das Leben gerettet hatte. Er verstarb 1906 bei einem tragischen Unfall im Leeraner Hafen.

Eisenbahnbau

Der Bahnhof und die Stadt waren festlich geschmückt. Die Gäste wurden am Bahnhof in Hochstimmung empfangen. Es gab ein Festessen in den großen Maschinenhallen und einen Festball im Rathaus, dazu einen romantisch-historisch aufgezogenen Festumzug vom Bahnhof durch die Stadt. Der Festumzug wurde von der Bürgerschaft gebildet und die Anwesenheit der Kaufmannschaft, des Rates, der Zünfte, der Vereine, der Gäste und der Einheimischen offenbarten einen Prunk und einen Glanz wie schon lange nicht mehr in der Seehafenstadt. Man führte Fahrten mit den Dampfbooten „Kronprinzessin Marie" und „Kronprinz von Hannover" durch.

Aus dem Umland der Stadt waren viele Ostfriesen gekommen und aus Hannover reiste die politische und wirtschaftliche Prominenz an, aus Preußen, Münster und Elbersfeld Minister, hohe Beamte, Offiziere, Bürgermeister und Landräte. Aus den Niederlanden hatten sich der Statthalter und der Bürgermeister von Groningen auf den Weg gemacht, aber auch Kapitäne und Offiziere der Bürgerwehr sowie Abgesandte der Wirtschaftskammer und des Großhandels der Stadt Groningen. Man schätzte, dass über 9.000 Auswärtige an diesem bedeutsamen Tag in Emden waren. Es war der 20. Juni 1856, als die hannoversche Westbahn von Rheine nach Emden in der Hafenstadt feierlich eröffnet wurde.

1835 fuhren in Deutschland bereits die ersten Eisenbahnen zwischen Nürnberg und Fürth und 1837 zwischen Leipzig und Dresden. Im Jahre 1844 fand Hannover Anschluss über Magdeburg nach Berlin, drei Jahre später nach Bremen und über Bielefeld, Dortmund und Düsseldorf nach Köln, Bonn und Aachen. Ein Jahr später konnte man Hannover über Hamm mit Münster verbinden. Allerdings waren das ganze nördliche Gebiet des Königreichs Hannover, das Großherzogtum Oldenburg und auch die niederländischen Provinzen bis Amsterdam und Den Haag bis 1850 noch ohne Eisenbahnen. Sehr früh setzten aber in Ostfriesland und besonders in Emden Überlegungen ein, wie man die Region an die Inlandverbindung anschließen könnte. Bereits 1846 gab es Pläne und schriftliche Darlegungen zum Bau einer Westbahn. Das verwundert allerdings nicht, da doch das wichtigste Hinterland für Ostfriesland und vor allem für die Hafenstadt Emden mehr und mehr Westfalen mit dem dort stetig wachsenden Industriegebiet wurde. Die ostfriesische Landwirtschaft hatte ein sicheres Absatzgebiet für Getreide, Vieh, Butter, Käse, Schmalz und Talg nötig. Emden begehrte den Umschlag von Eisen, Kohle und Industrieerzeugnissen. Bereits um 1815 hatten weitsichtige Politiker und Verwaltungsbeamte in Ostfriesland überlegt, wie man den Handel zwischen Westfalen und der Region intensivieren konnte. Damals hatte man den Ausbau der Wasserwege ins Auge gefasst. Es blieb aber zunächst bei bloßen Überlegungen und Planspielen.

Pläne einer Bahnverbindung zwischen Ostfriesland und Bremen wurden bereits 1841 ohne Ergebnis erörtert, weil die Oldenburger kein Interesse daran hatten. 1843 zeigte sich der Emder Gewerbeverein daran interessiert, alternativ eine Bahnstrecke von Emden nach Lingen einzurichten. Von Lingen aus sollte es Abzweigungen nach Osnabrück und Münster geben. Tatsächlich wollte die hannoversche Ständeversammlung die Gelder für die Untersuchungen der Trasse bewilligen und auch die notwendigen Gesetzesänderungen bei Enteignungsangelegenheiten gestatten. König Ernst August von Hannover war auch für die Errichtung der Eisenbahnlinie von Emden über Lingen nach Münster und von Lingen und Osnabrück nach Bünde in Westfalen. Es sollte eine Aktienbahn werden, also spielten auch schnell Fragen der Rentabilität und der Geldspekulation eine Rolle und sie erschwerten die Umsetzung. Die Emder machten schnell deutlich, dass sie zur Zahlung einer Summe von 50.000 Reichstalern bereit waren und die Firma Y. & B. Brons bot sich an, 8 Mill. Reichstaler als Baukapital zu sichern. Aber es gab zu viele Widerstände. Einige Städte und auch die Niederlande waren auf eigene Vorteile bedacht und erschwerten die Kapital-beschaffung. Es konnten zwar die Streckenuntersuchungen und –vermessungen abgeschlossen werden, es gerieten aber die Verhandlungen immer wieder ins Stocken. Die vielfachen Bemühungen der Emder und besonders die des engagierten Ysaac Brons kamen zunächst nicht zum Ziel. Schließlich setzte doch ein Umdenken ein. Der Fortschritt war anscheinend nicht zu stoppen. In Hannover war man mittler-weile zu der Erkenntnis gelangt, doch eine Westbahn als Staatsbahn einrichten zu wollen, die Emden mit Münster und Westfalen verbinden sollte. Als die parlamen-tarischen Auseinandersetzungen abgeschlossen waren und der Entwurf der Regie-rung angenommen worden war, stellten sich 1847 neue Schwierigkeiten ein. Es war ein wirtschaftlich angespanntes Jahr und das Geld wurde so teuer, dass man die Investitionen in Hannover nicht verantworten wollte. Dazu war die politische Lage zu der Zeit ungewiss und die tätigen Bauingenieure und Bauaufseher waren noch mit anderen Bahnprojekten ausgelastet und standen für die Westbahn zu dem Zeitpunkt gar nicht zur Verfügung. Dazu kam immer wieder die Frage auf, wie man die Westbahn bis Münster und an das Ruhrgebiet und an die niederländischen Bahnen anbinden konnte. Schließlich beruhigte sich die politische und wirtschaftliche Lage und die nötigen Gelder wurden endgültig bewilligt.

Endlich konnte mit dem Bau der Bahn begonnen werden. Die Vorarbeiten und die Enteignungsverhandlungen mit den Personen, die Landflächen für den Bahnkörper zur Verfügung stellen mussten, gingen zügig voran. 1851 begannen die Erdarbeiten. Die Strecke führte von Osnabrück nach Rheine und darauf zunächst am linken Emsufer entlang bis Hanecken. Danach traf sie bei der Mündung des Emskanals auf das rechte Emsufer und ging dann dort weiter bis Emden. Die Bodenbeschaffenheit war unterschiedlich und vor allem ab Aschendorf schwierig, weil der Grund bis zur Leda aus Moor- und Sumpfland bestand, danach bis Oldersum aus Sand und Moor. Ab dort setzte sich der Boden aus Darg und Niederungsmoor zusammen und dann ging es auf dem Emder Kleiboden weiter. Der ganz unterschiedliche Untergrund der Bahnstrecke brachte ganz verschiedene Probleme mit sich. An verschiedenen Stellen mussten Vertiefungen ausgefüllt werden, aber vor allem die moorigen Gegen-den erforderten die Aufschüttung einer künstlichen Bettung, um den Bahndamm zu sichern. Dazu musste der Sand oft meilenweit herangeschafft werden. Oben war der Bahndamm fast 5,50 Meter breit. Die Streckenteile durch das Moor erforderten eine Sandaufschüttung von ca. 4,50 Meter bis fast 6 Meter. Bei der Trassenstrecke über Kleiböden fand sich fester Grund erst bei Tiefen zwischen ca. 12 Meter bis fast 14 Meter. Man musste dort immer mit Sackungen und Nachschüttungen rechnen.

In der nur mäßig entwässerten Ebene bestand das Problem darin, dass Flüsse, Sieltiefe und Gräben überquert werden mussten. Zwischen Emden und Meppen waren 124 Überbrückungen notwendig. Das größte und schwierigste zu errichtende Bauwerk war die Ledabrücke mit sieben Durchflussweiten von zusammen fast 210 Metern. Die Länge dieser Brücke war ca. 235 Meter lang und ihre Höhe maß ca. 22,50 Meter. Die Wassertiefe belief sich auf fast fünf Meter bei Mitteltidehochwasser. Mit einem für damalige Verhältnisse sehr modernen Drehflügel waren die Leda-brücke und die Brücke über den Papenburger Kanal ausgestattet. Dieser Drehflügel konnte später von nur einem Mitarbeiter bewegt werden. In Oldersum hatte die dortige Brücke eine Länge von fast 15 Metern und in Petkum eine Länge von ca. neun Metern.

Die Bahnanlagen in den Städten Emden und Leer wiesen eine imposante Größe auf. Der Bahnhof in Emden war ca. 823 Meter lang und fast 13 Hektar groß. Dort gab es u. a. das Hauptbetriebsgebäude, aber auch Maschinenwerkstätten und ein Zollrevisionshaus. Die Eisenbahnanlagen waren für die damalige Zeit schier großartig und werteten die ostfriesischen Städte Emden und Leer im Bewusstsein der regionalen und überregionalen Bevölkerung sehr auf. Die Eröffnung der Westbahn von 1856 stellte einen bedeutsamen Schritt für das wirtschaftliche Wachstum vor allem der Seehafenstadt Emden und der Region dar.

Mit der Realisierung der Westbahn war es in Sachen Eisenbahnbau in Ostfriesland vorerst getan. Es gab viele technische Schwierigkeiten, die die Umsetzung von weiteren Plänen verhinderten. Rentabilitätsberechnungen verschärften die Lage. Es gab zwar viele Projekte und Vorschläge, die aber zunächst in den Schubläden der Fachleute verblieben. Erst nach der Reichsgründung 1871 wurden die Verkehrsverbindungen verbessert und förderten die Öffnung Ostfrieslands nach Deutschland.

Die Querverbindung von Oldenburg über Leer in die Niederlande, die bereits in hannoverscher Zeit beschlossen worden war, wurde 1876 fertig.

Die Küstenbahn von Emden nach Norden und Esens bis nach Jever und Sande baute man ab 1881. Damit konnte neben der Strecke Oldenburg – Leer eine zweite Ost-West-Achse geschaffen werden. Die Bahn wurde 1892 um die Linie nach Norddeich erweitert. Diese Strecke führte man weiter bis zur Anlegerstelle der Inseldampfer, weil der Bäderverkehr nach Norderney erleichtert werden sollte. Gleichzeitig mit der Streckenführung nach Norddeich und dem Bau des dortigen Bahnhofes kam es zum Ausbau des Norddeicher Hafens und der Fahrrinne sowie zur Realisierung der Mole mit einer Gewölbehalle für die Eisenbahn. Bis dahin hatten die Dampfschiffe am alten Fährhafen angelegt, der sich an einer anderen Stelle befand. Als alle Arbeiten abgeschlossen waren, besserten sich die Verhältnisse derart, dass die Inselreisenden mit dem Zug unmittelbar bis an den Dampfer fahren konnten. Unabhängig von den Gezeiten Ebbe und Flut ließ sich die Schiffspassage nach Norderney ab dem Zeitpunkt mit direktem Zuganschluss durchführen. Mit der Realisierung der Streckenführung nach Norddeich wurde der kleine Ort an der Nordsee zur Endstation des Eisenbahnnetzes im äußersten Nordwesten von Deutschland.

Jahrelang hatten allerdings die Verhandlungen gedauert, bis es überhaupt zum Bau der Eisenbahnlinie von Emden bis Norden gekommen war. Die Stadtoberen von Norden setzten sich immer wieder dafür ein und es war besonders der Norder Senator ten Doornkaat-Koolman, der sich nachdrücklich für eine Eisenbahnverbindung seiner Heimatstadt mit dem Binnenland engagiert und sogar eine Denkschrift herausgegeben hatte, um diese allen zuständigen Stellen zuleiten zu können.

Auch die Auricher waren schon vor der Einweihung der Westbahn bemüht, auf eine Weiterführung der Strecke bis in die Mitte Ostfrieslands hinzuwirken. Die ostfriesische Metropole Aurich versprach sich wirtschaftlich viel davon. Bereits 1855 hatten Kaufleute, Fabrikanten und Beamte aus Aurich zusammen mit den Repräsentanten der Stadt Norden das „Norder und Auricher Eisenbahnkomitee" gebildet, um vereint für die Eisenbahnanbindung der beiden Städte zu kämpfen. Als dann endlich die Verlängerung der Westbahn über Emden-Georgsheil nach Norden realisiert wurde, kam es 1883 auch zum Bau der Abzweigung von Georgsheil nach Aurich.

Kleinbahnen wurden nach 1900 angelegt, so von Leer über Aurich und Esens nach Bensersiel, von Emden nach Greetsiel und von Ihrhove nach Rhauderfehn. Die Kleinbahnlinien in Ostfriesland waren Unternehmen der Landkreise Aurich, Leer und Wittmund. Dahinter stand das Ziel, den Binnenverkehr besser zu gestalten. 1899 kam es zu einer Verbindung zwischen Ogenbargen und Bensersiel und 1912 wurde die Verbindung Ihrhove – Westrhauderfehn eingerichtet. Diese Verbindungen gibt es allerdings heute nicht mehr.

Der Ausbau der Eisenbahnen in Ostfriesland machte den Warentransport über Land billiger. Er schloss auch zahlreiche Fehnorte an das Schienennetz an. Menschen des platten Landes hatten jetzt die Möglichkeit in den Städten Arbeit zu suchen und zu finden; Hin- und Rückfahrten waren gesichert. Für die ländlichen Unterschichten tat besonders die Entwicklung der Stadt Emden neue Erwerbsmöglichkeiten auf. Aus landwirtschaftlichen Tagelöhnern wurden industrielle Arbeiter. Dadurch veränderten sich auch die sozialen Gegebenheiten in der ländlichen Umgegend der Hafenstadt, aber auch in anderen Gebieten Ostfrieslands.

Nahrungsmittelversorgung im 1. Weltkrieg

„… Zur Kriegszeit muß aber eine andere Erwägung in den Vordergrund treten: Beschränkung auf Nahrungsmittel, die wir in Deutschland in reichlichen Mengen besitzen, und volle Ausnützung ihres Nährgehalts. Nichts darf weggeworfen werden; selbst die Rückstände sind wertvoll als Viehfutter." Diese Aufforderung war im Januar des Jahres 1915 in der Ems-Leda-Zeitung zu lesen und das Blatt wandte sich wohl eher an die besser gestellten Haushalte, die zu einem Umdenken in der Speisezubereitung aufgefordert wurden.

Seit dem Sommer 1914 tobte der Erste Weltkrieg in Europa. Genau einen Monat nach dem Anschlag auf den österreichisch-ungarischen Thronfolger hatte Österreich-Ungarn Serbien am 28. Juli 1914 den Krieg erklärt. Dabei hatte es die ganze Unterstützung des deutschen Kaisers Wilhelm II., denn die beiden Mittelmächte hielten zusammen. Am 1. August erklärte das Deutsche Reich Russland den Krieg, am 3. August schließlich den Franzosen.

Bei vielen Menschen in unserer Region lösten Mobilmachung und Kriegsbeginn angesichts des landwirtschaftlichen Charakters Ostfrieslands hauptsächlich die Frage aus, wie man die Ernte einbringen konnte, wenn doch viele Männer eingezogen worden waren und als Arbeitskräfte nicht zur Verfügung standen. Dies gelang aber, weil alle sich dafür einsetzten und zudem die Witterung in der Zeit günstig war. Im Jahre 1915 stellten sich aber Probleme ein, die Ernteerträge gingen zurück, was hauptsächlich auf das schlechte Wetter zurückzuführen war. Weil der Spätsommer zu feucht war, konnte nur eine mittelmäßige Ernte eingefahren werden. 1916 war es noch schlimmer. In diesem Jahr wurden im Vergleich zum ersten Kriegssommer nur noch 60 % der Weizen- und Roggenernte erwirtschaftet. Die Kartoffelernte fiel noch schlechter aus, weil 1916 die Erträge von etwa 90.000 Tonnen auf 42.000 Tonnen zurückgingen. Gründe dafür gab es viele. Vor allem der Arbeitskräftemangel durch den Kriegsdienst der einberufungsfähigen Männer stellte neben fehlenden Zugtieren, Maschinen oder Düngemitteln das größte Problem dar und war für den Rückgang bei den Ernteerträgen verantwortlich. In einzelnen Ortschaften Ostfrieslands dienten bis 1916/17 zwischen 30 und 40 % der Männer als Soldaten. Der Mangel an Arbeitern musste von den anderen Einwohnern aufgefangen werden, so dass viele Bäuerinnen und andere Frauen die landwirtschaftlichen Tätigkeiten selbst verrichteten, wobei sie nicht selten unterstützt wurden von älteren Männern oder Schülern. Aber auch ausländische Arbeiter setzte man ein, so etwa 360 russisch-polnische Arbeiter, die 1915/16 in der ostfriesischen Landwirtschaft tätig waren.

Ab dem Frühjahr 1916 wurden zur Verbesserung des Arbeitskräftemangels etwa 1.250 serbische Kriegsgefangene in der Landwirtschaft eingesetzt, die man bei den Bauern direkt unterbrachte. Sie erhielten neben Kost und Logis auch einen geringfügigen Lohn. Der Verlust an männlichen Arbeitskräften aufgrund ihres Militärdienstes konnte jedoch trotz des Einsatzes der ausländischen Saisonarbeiter und von zahlreichen Kriegsgefangenen nicht in Ansätzen ausgeglichen werden. Dazu kam der Verlust vieler Zugtiere durch die in großem Umfang von der deutschen Heeresverwaltung vollzogene Requirierung von Pferden für den Kriegsbedarf.

Eine britische Wirtschaftsblockade schnitt das Kaiserreich von dem Großteil der Auslandsimporte ab. Das trug zu einer Verschärfung der Wirtschaftslage in Deutschland bei.

Das Deutsche Reich zählte schon vor Kriegsausbruch zu den größten Importeuren von Agrarprodukten in der Welt. Die Landwirtschaft im Inland war nicht in der Lage, die eigene Bevölkerung flächendeckend zu versorgen.

Der Staat wurde aufgrund des unzureichenden Angebots an heimischen landwirt-schaftlichen Produkten während des Krieges gezwungen, immer mehr mit zwangswirtschaftlichen Maßnahmen zu reagieren und die freien Regeln der Marktwirtschaft zu umgehen. Es griffen auch in Ostfriesland immer weiter die Festsetzung von Höchstpreisen, die Beschlagnahmung der Ernten, die Rationierung der Lebensmittel und die Organisation der Verteilung um sich.

Der Staat sah sich veranlasst, auf das Mittel der Höchstpreisfixierung zurück-zugreifen, um das Steigen der Preise wenigstens bei den Grundnahrungsmitteln einzuschränken. Den staatlichen Versuchen der Intervention lag allerdings keine ausgearbeitete oder gleich bleibend verfolgte Höchstpreispolitik zugrunde. Die Einführung von Höchstpreisen wurde von den Verbrauchern grundsätzlich begrüßt; trotzdem erwies sich dieses Modell der Preisfixierungen als nicht ausreichend und in sich unstimmig.

Ab November 1914 wurden zentrale Reichsstellen eingerichtet, um die Lebens-mittelversorgung auf Dauer sicher zu stellen. Die Stellen kümmerten sich um den Ankauf bzw. die Beschlagnahmung, Lagerung und Verteilung einzelner Nahrungs-mittel. Ein neuer Abschnitt des Zwangsbewirtschaftungssystems wurde damit einge-leitet. Auf jeden einzelnen Bürger wirkte sich die Arbeit der Zentralbehörden unmittel-bar aus. Die Ostfriesen bekamen die Arbeit dieser Stellen in erster Linie durch die Einführung von Lebensmittelmarken und die Rationierung der Lebensmittel zu spüren. Der Bezug von Brot oder Mehl war schon ab Februar 1915 nur noch über einen Brotschein möglich. Ab Herbst wurde er abgelöst durch die Ausgabe von Brotmarken. Jeder Person wurde in einer entsprechenden Verordnung vom Februar 1915 täglich ½ Pfund Brot- oder Mehlmenge im Landkreis Aurich zugeteilt. Unter bestimmten Voraussetzungen erhöhten sich diese Mengen etwa bei schwer arbeiten-den Personen. Weizenbrot musste ab November 1914 mindestens einen Roggen-anteil von 10 % aufweisen, um den Verbrauch von Weizen zu vermindern. Roggen-brot wurde mit gequetschten Kartoffeln oder Kartoffelmehl gestreckt.

Für Zucker, Tee, Seife, Butter, Fett und Fleisch wurden Marken und maximale Aus-gabemengen im Jahre 1916 eingeführt. Den Erhalt der Ware garantierte der Besitz von Marken oder Bezugsscheinen nicht, weil die Produkte in vielen Fällen nicht vorrätig waren. Auf dem platten Land in Ostfriesland hatten die sogenannten Selbstversorger bessere Bedingungen, weil sie durch ihren offiziellen Status nicht auf Brot- oder andere Lebensmittelkarten angewiesen waren. Als Selbstversorger mus-ste man fähig sein, einen Großteil der landwirtschaftlichen Produkte selbst zu erzeugen, um zu dieser Gruppe zu gehören. Von dieser Möglichkeit machten in erster Linie die ostfriesischen Landwirte gerne Gebrauch.

Einsparungen beim Verbrauch von Lebensmitteln waren unverzichtbar, weil die zwangswirtschaftlichen Maßnahmen nur unzureichend griffen. Wie auch das obige Beispiel aus der Ems-Leda-Zeitung zeigt, ergingen oft Aufrufe an die Bevölkerung, sich beim Verzehr von Nahrungsmitteln zurück zu halten.

Die zwangswirtschaftlichen Maßnahmen blieben letztlich unzureichend und Frag-mente. Sie waren nicht in der Lage, eine ordentliche Versorgung der Bürger mit den wichtigen Grundnahrungsmitteln zu gewährleisten. Die Maßnahmen stellten sich als ein Sammelsurium von spontan durchgesetzten Maßnahmen dar und zu guter Letzt als eine Ernährungspolitik ohne ein durchdachtes Konzept. Der sogenannte Steckrü-benwinter 1916/17 war ein Abbild des staatlichen Unvermögens und zeigte auch in Ostfriesland Auswirkungen. Während man für die ersten beiden Kriegsjahre konstatieren kann, dass trotz der Knappheit der Lebensmittel in den ostfriesischen Kommunen weder Hunger noch umfassender Lebensmittelmangel vorherrschten, änderte sich die Situation ab 1916 stark. Bei der Ernte der Kartoffeln konnte aufgrund des regnerischen Frühjahres lediglich die Hälfte der Erträge der Vorkriegsjahre eingefahren werden. Dieser Ausfall der Ernte verursachte eine Hungerkrise im ganzen Land, weil die Kartoffel die wichtigste Ernährungsgrundlage darstellte.

Schließlich entwickelte sich das Jahr 1916 zu einem Hungerjahr, da die Kartoffelernte missraten war und der freie Handel aufhörte. Die Bevölkerung bekam Kartoffelmarken, aber leider keine Kartoffeln. Es wurden alternativ Steckrüben eingesetzt, so dass Steckrüben in allen Suppen als Kartoffelersatz erschienen, als Einzelgericht in vielen Abwandlungen, als Salat und in großen Mengen zur Streckung von Marmelade. Man aß Steckrüben morgens, mittags und abends. Die Menschen aßen sie in jeglicher Form und Gestalt. Es gab sie regelmäßig bei Tisch und ohne Fett oder Fleisch, oftmals nur in Wasser gekocht.

So entwickelte sich die Steckrübe zu einem Ernährungssymbol des Winters 1916/17. In den Zeitungen wurden immer wieder Ratschläge veröffentlicht, wie die Haltbarkeit der Steckrübe verlängert werden konnte. Steckrüben waren gewöhnlich im rohen Zustand nur bis zum Ende des Winters genießbar.

Mit der Kartoffelnot hatten mehr noch als auf dem Land die Bewohner der Städte zu tun. In Aurich war die Kartoffelversorgung im Herbst 1916 und im Frühjahr 1917 so katastrophal, dass Familien, die keine Vorräte angelegt hatten, tagelang ohne Kartoffeln auskommen mussten. Ohne Folgen konnte der Mangel an Lebensmitteln nicht bleiben. In der Stadt Leer stellte man fest, dass immer mehr Schülerinnen und Schüler an Unterernährung litten. Die Not machte es erforderlich, dass zahlreiche Kinder in den Schulen der Stadt ein Frühstück zur Verfügung gestellt wurde.

Es kann aber bei einer Gesamtbetrachtung der wirtschaftlichen und sozialen Lage konstatiert werden, dass Ostfriesland während des Ersten Weltkrieges auf Grund des agrarischen Charakters der Region bei der Lebensmittelversorgung mehr oder weniger glimpflich die Kriegsjahre überstand. Sicherlich hatten die größeren Städte und auch die Inseln manchmal mit gravierenden Versorgungsengpässen zu tun, doch die übrige ländliche Region blieb von Hungerkatastrophen verschont.

Die Lebensmittellage in Ostfriesland machte es möglich, dass mehrere hundert Kinder aus verschiedenen Großstädten im Frühjahr und Sommer 1917 auf dem Land untergebracht und vor allem ernährt werden konnten. In Ostfriesland erfolgten im März 1917 entsprechende Aufrufe, Kinder aus den Großstädten aufzunehmen, weil die Lebensmittelnot in den Städten größer sei als auf dem Land. Die Resonanz auf die Aufrufe war groß, so dass z. B. ab Mai 1917 allein im Landkreis Emden 405 Kinder aus verschiedenen deutschen Großstädten untergebracht wurden. Im Landkreis Aurich waren es 557 Jungen und Mädchen aus Essen.

Eine besondere Erscheinung bei der Lebensmittelversorgung im Ersten Weltkrieg war das genannte „Hamstern". Etwa ab dem Winter 1916/17 wurden Ausflüge auf das Land von den Städtern genutzt, um sich mit Lebensmitteln einzudecken, wenn es diese in den Städten nicht mehr zu kaufen gab. Große Gruppen von Menschen, vor allem Frauen und Kinder, unternahmen diese Hamsterfahrten auf das platte Land unserer Region. In die Dörfer der Krummhörn fielen oft bis zu hundert Besucher gleichzeitig aus Emden oder Leer ein, um mit Rucksäcken ausgestattet Bohnen, Erbsen, Speck, Butter oder Eier zu erstehen oder gegen Wertsachen einzutauschen. Dieses ist auch ein Indiz dafür, dass die Lebensmittelversorgung auf dem Land auch während des harten Steckrübenwinters wesentlich entspannter gewesen sein muss als in den Städten. Die Hamsterfahrten wären ansonsten sinnlos gewesen.

Reichspogromnacht

Sie ist ein schmachvolles Kapitel der deutschen Geschichte und führte auch in unserer Region zu schrecklichen und beschämenden Ereignissen. In der Reichspogromnacht vom 9. zum 10. November 1938 wurden im ganzen Deutschen Reich Synagogen in Brand gesetzt und der Besitz jüdischer Mitbürger zerstört und geplündert. SA-Leute holten Juden aus ihren Wohnungen, trieben sie unter Misshandlungen zu Sammelplätzen, schikanierten und peinigten sie dort eine Zeit lang, bis sie die Frauen und Kinder dann wieder nach Hause schickten. In das Konzentrationslager Sachsenhausen deportierte man die Männer, die erst nach Wochen oder Monaten der Drangsalierung wieder zurückkehrten.

Durch die Novemberpogrome 1938 bekam der staatliche Antisemitismus im ganzen Deutschen Reich eine neue Dynamik und steigerte sich bis zur unmittelbaren Existenzbedrohung für die Juden im Land. Die Verfolgungen waren keine Reaktion des von der NS-Propaganda verkündeten „spontanen Volkszorns" auf die Ermordung des deutschen Diplomaten Ernst vom Rath durch einen jungen jüdischen Emigranten in Paris. Vielmehr sollte die seit Frühjahr 1938 begonnene gesetzliche „Arisierung", was die Zwangsenteignung jüdischen Besitzes und jüdischer Unternehmen bedeutete, planmäßig beschleunigt werden. So sollte u. a. mit der „Arisierung" die deutsche Aufrüstung finanziert werden; daher hing der Zeitpunkt der Pogrome eng mit Hitlers Kriegsvorbereitungen zusammen.

Der Anteil der Juden an der Bevölkerung in Ostfriesland im Jahre 1925 war mit 0,84 % im Vergleich zur gesamten preußischen Provinz Hannover mit 0,47 % recht hoch. Trotzdem entsprach der Anteil aber durchaus dem relativ niedrigen Reichsdurchschnitt. In den wenigen Städten des Regierungsbezirks Aurich und in den Flecken fielen jedoch die Prozentsätze deutlich höher aus. Auf dem Lande fiel die relative Anzahl der jüdischen Mitbürger kaum ins Gewicht. Dornum mit 7,3 % und Aurich mit 6,5 % besaßen den höchsten prozentualen Anteil jüdischer Bürger.

Im Regierungsbezirk Aurich beschränkte sich die Erwerbstätigkeit der Juden hauptsächlich auf den Viehhandel, die Schlachterei und den Manufakturwarenhandel. In der nordwestlichen Region des Reiches konnte eigentlich für die von den Nazis gebrauchte Formulierung „Bedrohung des Deutschtums" keine Rede sein, trotzdem gingen die Nationalsozialisten schon früh daran, den Rassenhass anzustacheln. Mit der Machergreifung 1933 rückte das Ende der Juden in Deutschland, von Hitler und der NS-Propaganda von Anfang an als Programm verkündet, in greifbare Nähe. Im Reich war der auf den 1. April 1933 festgesetzte Boykott jüdischer Geschäfte die erste große Kampagne gegen die Juden.

Es brauchte jedoch noch einige Zeit für die Ausschaltung der Juden aus dem Wirtschaftsleben des Reiches. Dieses Ziel wurde dann für das Jahr 1938 avisiert. Als es zu der Verzweifelungstat des jungen Juden Herschel Grünspan in Paris kam, waren die Schüsse in der französischen Hauptstadt für die Nazis ein willkommener Anlass zur Verschärfung ihrer Maßnahmen gegen die Juden. In Hessen führten das Attentat und vage Drohungen bereits am 7. und 8. November zu ersten von SA- und SS-Trupps verübten Übergriffen und Pogromen.

Am Abend des 9. November kamen Hitler und viele NS-Führer in München zusammen, um des Marsches auf die Feldherrnhalle sowie des gescheiterten Putsches vom November 1923 und der dabei getöteten Gesinnungsgenossen zu gedenken. Als man dann vom Tode des Botschafters vom Rath in Paris hörte, starteten die schlimmen Aktionen gegen die jüdische Bevölkerung. Von den hohen Parteifunktionären gingen Telefonate von München an die heimischen NSDAP-Dienststellen und Gauleitungen. Kurz darauf informierten die in München anwesenden SA-Gruppenführer ihre heimischen Standarten und Kampfabteilungen. Jetzt konnten sich die Parteimitglieder mit all ihrem Hass gegen die Juden ungehindert austoben.

Die organisierten Pogrome liefen nun auch in allen ostfriesischen Orten mit jüdischer Bevölkerung an. Das Geschehen in der Nacht vom 9. auf den 10. November 1938 kennzeichnete sich durch improvisatorische Elemente, obwohl der Befehl zu den Aktionen von den obersten Stellen der Partei gekommen war. Die Taten der Nazis in dieser Nacht liefen aber nach einem ähnlichen Muster ab. Wenn die Synagogen nicht schon vor dem 9. November von den jüdischen Gemeinden an Interessenten verkauft worden waren, steckte man sie in Brand. Durch ein Fernschreiben von Heydrich, dem Leiter des Reichssicherheitshauptamts, waren die Polizeistellen über die zu erwartenden Übergriffe informiert worden. Daher übernahm die Polizei bei den Aktionen nur Sicherungsaufgaben, griff aber nicht ein. Nur bei Plünderungen sollte sie aktiv werden, und sie hatte die Aufgabe, die zerstörten Geschäfte der Juden zu sichern. Die Feuerwehr in den betroffenen Kommunen sicherte in der Regel nur die Umgegend der Brandstätten und achtete darauf, dass benachbarte Häuser der Synagogen nicht in Brand gerieten.

Die Geschehnisse in der Nacht und auch noch am nächsten Tag kennzeichneten sich durch die Hasstaten des SA-Mobs. Auch vor Frauen und Kindern machten die Brutalitäten nicht halt. Die jüdischen Familien wurden überall in Ostfriesland aus dem Schlaf gerissen, ihre Wohnungen und Geschäfte zertrümmert, die Möbel ruiniert, Gegenstände von Wert und Teile des Geschäftsinventars beschlagnahmt und die Menschen, die oft nur notdürftig bekleidet waren, trieb man zusammen und misshandelte sie vielfach.

Die Vorgänge und zahlreichen Verbrechen auf der lokalen Ebene in der Reichspo-gromnacht sollen im Folgenden anhand der Abläufe in den Städten Esens und Wittmund dargestellt werden.

Bis zum November 1938 hatten sich unter dem steigenden Druck national-sozialistischer Zwangsmaßnahmen schon mindestens 35 Esenser Juden zur Emigration entschlossen. Ihr Besitz war arisiert worden, d. h. sie hatten ihre Häuser und Grundstücke unter schlechten Bedingungen verkaufen müssen. In Esens lebten am 9. November 1938 nur noch 36 Juden. Die Synagoge in Esens brannte in den frühen Morgenstunden des 10. Novembers 1938. Der Esenser Obersturmführer Hermann Hanss hatte die hiesigen SA-Führer zur Zerstörung der Synagoge und zur Verhaftung aller Juden in Gruppen eingeteilt. Die jüdischen Männer, Frauen und Kinder wurden von einigen SA-Leuten auf einem Hof hinter dem Stadthaus zu-sammengetrieben. Andere SA-Männer zerstörten die Inneneinrichtung der Synago-ge. Schließlich wurde das Gebäude mit allen Thorarollen, Gebetbüchern und rituellen Gegenständen in Brand gesetzt. Dafür, dass das Feuer nicht die Nachbarhäuser zerstörte, sorgte die Feuerwehr. An dem Morgen des 10. Novembers räumten SA-Männer den Manufakturwarenladen „Geschwister Weinthal" aus. Sie drangen in einige jüdische Wohnungen ein und beschlagnahmten Geld und Wertsachen. Frauen und Kinder durften im Laufe des Tages den Hof beim Stadthaus wieder verlassen. Die folgende Nacht mussten die jüdischen Männer im Stroh der Stadtscheune verbringen. Mit der Bahn wurden sie am nächsten Morgen nach Oldenburg gebracht und von dort weiter in das KZ Sachsenhausen transportiert. Die Männer kamen erst nach Wochen und Monaten wieder zurück.

1934 waren in Wittmund noch zwölf jüdische Familien ansässig. In der Stadt war die Synagoge im Juni 1938 auf Abbruch an einen Kaufmann verkauft worden. In der Pogromnacht wütete auch in Wittmund der SA-Mob. Die jüdischen Einwohner wurden terrorisiert und ihres Eigentums beraubt. Bei der Familie Moritz Wolff in der

Brückstraße schlug man die Fensterscheiben und die Schaufenster ein. Der Hausherr konnte zunächst fliehen, was wahrscheinlich die eingesetzten SA-Männer zum Anlass nahmen, die komplette Wohnung zu durchsuchen. Die dabei anwesende und verzweifelt weinende Frau Wolff wurde völlig ignoriert. Als Moritz Wolff sich wenig später freiwillig meldete, wurde er von den SA-Männern abgeführt. Die Nazis drangen auch in das Haus des Jan Morgenroth in der Norderstraße ein und holten die Familienmitglieder heraus. Mit brachialer Gewalt drangen die Männer in das Haus der Familie Isaak Heß in der Klußforderstraße ein. Als der Hausherr zum Mitkommen aufgefordert wurde, versuchte seine Schwester eine Geldtasche mit Inhalt zu verstecken. Die SA-Leute bemerkten dies und nahmen das Geld an sich. Alle Familienmitglieder wurden danach aus der Wohnung geholt.

Beim Wohnhaus der Familien David Wolff und Adolf Cohen in der Mühlenstraße wurden die Fensterscheiben eingeschlagen und die Türen danach mit Gewalt geöffnet. Die Mitglieder der Familie Wolff mussten sich unter Beobachtung von SA-Männern ankleiden. Geld, das Frau Wolff mitzunehmen gedachte, wurde ihr aus der Hand geschlagen und weggenommen. Die Menschen des Hauses wurden von den Nazis weggeführt, ebenso die Mitglieder der Familie Löwenstein aus der Klußforderstraße der Stadt. Nachdem die SA-Leute die „aufgeholten" jüdischen Mitbürger auf dem Marktplatz einige Stunden hatten stehen lassen, brachte man sie zur Gastwirtschaft Brauer. Dort sperrten die Nazis die Juden in einen Stall. Die Bewachung führten zunächst die SA-Männer durch, später übernahmen Polizisten diese Aufgabe. Am nächsten Vormittag durften die Frauen wieder nach Hause gehen. Die Juden wurden misshandelt, man schlug, beleidigte und bespuckte sie. Es war die Order erlassen worden, ihnen nichts zu essen und zu trinken zu geben. An den Ausschreitungen beteiligten sich neben den SA-Männern auch vom Hass geleitete Zivilisten. Die SA hatte die Aktionen zwar eingeleitet, aber jeder Bürger konnte sich daran beteiligen, wenn er seinen Hass auf die jüdische Bevölkerung zum Ausdruck bringen wollte. Weil die Synagoge in Wittmund schon vor der Pogromnacht von der jüdischen Gemeinde veräußert worden war, wurde sie nicht mehr in Brand gesteckt.

Mit den Verfolgungen während der Pogromnacht rückte das Ende der Juden in Ostfriesland ein großes Stück näher. Der Druck auszuwandern, verschärfte sich nach der Pogromnacht immer mehr. Im Februar 1940 ordnete die Geheime Staatspolizei schließlich an, dass alle jüdischen Mitbürger bis zum 1. April Ostfriesland verlassen haben sollten. Die vierhundertjährige Geschichte der Juden in Ostfriesland endete mit schlimmsten Verfolgungen und dem Holocaust.

1949 fand im Gasthaus „Zum Schwarzen Bären" in Esens der Prozess gegen die Hauptbeteiligten an den Ereignissen der Pogromnacht statt. Wegen Verbrechens gegen die Menschlichkeit, durchgeführt in Tateinheit mit gemeinschaftlicher Zerstörung von Gebäuden und schwerer Freiheitsberaubung sowie in Tateinheit mit Beihilfe zum Diebstahl, wurden einige der Täter zu Gefängnisstrafen zwischen sechs Wochen und einem Jahr verurteilt. Nicht ermitteln konnte das Gericht die eigentlichen Brandstifter. Nach Kriegsende bemühten sich zahlreiche Esenser Juden um Rückerstattung ihres während der Nazi-Zeit verlorengegangenen Besitzes. Für immer kehrte jedoch keiner der Überlebenden in seine Heimatstadt Esens zurück.

Wege aus dem Chaos

Als Oberleutnant Hans Schulte und die zwei anderen Männer in Petkum ankamen, war der Ausgang des Tages völlig ungewiss. Es war der 5. Mai des Jahres 1945 und die drei Männer hatten den Auftrag, den herannahenden kanadischen Truppen die Stadt Emden zu übergeben. Der Kommandant für den Abschnitt Emden, Axel von Bleßingh, hatte ihnen den Befehl dazu erteilt. Auf einer Brücke über die Reichsstraße in dem Emder Vorort kam es schließlich zu diesem letzten Akt des Krieges. Mit einer weißen Fahne in der Hand warteten Schulte, ein Feldwebel und ein Unteroffizier auf den übermächtigen Kriegsgegner. Kein Schuss fiel mehr. Die Übergabe erfolgte ohne unvorhergesehene Schwierigkeiten. Auch die Sieger dieses fürchterlichen Krieges schienen des Kämpfens müde zu sein.

Als sie später in die Stadt einrückten, fanden sie von der einst reichen Hafenstadt nur noch eine Trümmerlandschaft vor, aus der die Luftschutzbunker, die den Bomben standgehalten hatten, herausragten. Die Fundamente des sozialen Zusammenlebens gab es nicht mehr. 25.000 der einst 37.000 Einwohner lebten noch in den Behausungen, die nicht ganz zerbombt worden waren. Mehr als 1.100 Emder Männer waren im Krieg gefallen und mehr als 300 Einwohner waren durch Bomben und andere Folgen des Krieges umgekommen. In vielen Emder Familien wartete man sehnsüchtig auf einige Tausend Männer, die in Kriegsgefangenschaft geraten waren. Von den vor dem Krieg vorhandenen etwa 10.000 Wohnungen waren fast 7.000 Wohnungen ganz zerstört, viele weitere waren zu Schaden gekommen und daher nur bedingt als Wohnraum zu benutzen. Völlig am Boden lagen das Rathaus, das Krankenhaus, acht Schulen, sieben Kirchen und 85 % der Emder Geschäftshäuser, aber ebenso auch 55 % der Industrie- und Gewerbeinrichtungen. Weitere Betriebe waren ramponiert und nur teilweise benutzbar. Straßen gab es keine mehr; man musste sich seinen Weg durch mächtige Schutthalden bahnen. Kaputte Brücken verhinderten die Überquerung der in Emden so zahlreichen Kanäle. Schwer erkrankte Personen wurden im entfernt liegenden Krankenhaus Aurich-Sandhorst behandelt.

Für die Emder Einwohner setzte ein richtiger Lebenskampf ein. Man musste sich mit anderen Familien Wohnungen teilen. Die Enge war für heutige Verhältnisse kaum vorstellbar. Baracken, Schuppen und Gartenhäuschen und Hütten wurden als Wohnraum genutzt und mussten immer wieder behelfsmäßig ausgebessert werden. Lebensmittel waren rationiert und es gab wieder Lebensmittelkarten. Die Land- und Gartenwirtschaft war durch den Krieg heruntergekommen und Lieferungen von außen gab es kaum. Für den sogenannten „Normalverbraucher" waren 1.500 Kalorien täglich angesetzt, was aber nicht hieß, dass er sie auch erhielt. Aber die Emder wussten sich zu helfen, indem sie Wertsachen gegen Lebensmittel eintauschten. Manches wertvolle Familienschmuckstück, manch edler Teppich wechselte gegen Speck, Kartoffeln und Butter den Besitzer. Es gab nicht wenige, die die traurige Situation der Städter gnadenlos ausnutzten und sie beim Handeln und Tauschen, in der Nachkriegszeit auch „Hamstern" genannt, über den Tisch zogen. Andere hielten Kleinvieh und versorgten sich so mit etwas Fleisch und Fett. Bratheringe wurden vielfach verzehrt und waren das typische Gericht der Emder nach der „Stunde Null". Kleinste Freiflächen in der Stadt wurden zu Gemüsegärten umfunktioniert, so z. B. Flächen am Emder Wall.

Mit Bezugsscheinen konnte man Kleidungsstücke, Hausrat und auch Einrichtungsgegenstände erhalten, wenn man denn Glück hatte. Die Wohnraumbeschaffung wurde organisiert und reglementiert. Es entstanden die „Nissenhütten", in denen man Menschen unterbrachte. „Nissenhütten" waren Wellblechhütten in Fertigteilbauweise und mit halbrundem Dach. Das Brennmaterial wurde zugeteilt, war aber oft unzureichend oder gar nicht zu erhalten, weil die Produktion nicht nachkam. Aber es gab ja glücklicherweise in Ostfriesland riesige Moorflächen und die Emder Bürger wurden angewiesen, sich im Moor Torf zu graben.

Die große Aufgabe der Bediensteten in der Stadtverwaltung bestand darin, unzureichende Lebensmittel, Brennstoffe und Wohnungen vernünftig zu verteilen. Es war eine Mammutaufgabe für die Verantwortlichen im Wirtschaftsamt, Ernährungsamt und Wohnungsamt, weil so viele Menschen Hilfe benötigten. Die dort tätigen Menschen gingen bis an die Grenze ihrer physischen und psychischen Kraft, um den Bittstellern gerecht zu werden. Oft verblieben sie sogar nachts in ihren Amtsstuben, legten sich dort für ein paar Stunden zur Ruhe, um am nächsten Tag die vielen Antragsteller zu versorgen, die sie nicht selten auf später vertrösten mussten, weil es einfach keine Hilfe gab und sie keinen Rat wussten.

Nach der Kapitulation Großdeutschlands lag auch in Emden alle Macht in den Händen der Besatzungsmacht. Im Stadtkreis Emden hatte ein Militär-Gouverneur der Kanadier das Sagen, im Hafengebiet ein Port Control Officer. Die Militärregierung hatte ihren Sitz im Fritzenschen Haus am Philosophenweg, andere der erhaltenen Häuser waren beschlagnahmt worden, um in ihnen das kanadische Personal unterzubringen. Der Hafen durfte nur noch von Personen betreten werden, die im Besitz eines sogenannten Dockpasses waren. Ein Stacheldrahtzaun umgab den Hafen bis zum Delft. Die politischen und wirtschaftlichen Maßnahmen, die von der Stadtverwaltung in Angriff genommen wurden, unterlagen der strengen Kontrolle der Kanadier. Es gab einen Verbindungsmann der Stadt, der dafür zuständig war, der Militärregierung über alle Vorgänge in der Verwaltung zu berichten. Er holte auch die Genehmigungen ein, die notwendig waren, wenn die Maßnahmen Befehle und Anordnungen der Kanadier berührten. Strenge Vorschriften regelten in den ersten Monaten die Freiheiten der Emder Bürger, Reisesperren und –beschränkungen, Zuzugsregelungen und die Polizeistunde.

Genehmigungen waren erforderlich bei politischen und anderen Versammlungen, bei Wiedereinrichtung und Neugründungen von Vereinen, die in kultureller Hinsicht aktiv werden wollten.

Die regionalen Zeitungen gab es nicht mehr. Die Stadtverwaltung veröffentlichte aber bald ein „Amtliches Mitteilungsblatt", um die Emder über die Neuordnungen und Regelungen bei der Behörde zu informieren. Als später die ersten Zeitungen wieder erscheinen sollten, prüfte die Militärregierung die Anträge dazu sehr streng. Für Ostfriesland und Oldenburg erschien im April 1946 zuerst die „Nord-West-Zeitung". Die eigentlichen unabhängigen Tageszeitungen in der Region gab es erst wieder in der Zeit um 1949.

Aufwendig waren die sogenannten Entnazifizierungen, die die Militärregierung durchführte. Die Entnazifizierung war die ab Juli 1945 umgesetzte politische Maßnahme der Siegermächte, die zum Ziel hatte, die deutsche Gesellschaft, Kultur, Presse, Ökonomie, Justiz, Schule und Politik von allen Einflüssen des Nationalsozialismus zu befreien. Vertreter und Funktionäre des alten Systems wurden aus ihren Stellungen entfernt und zur Rechenschaft gezogen. Trat die Militärregierung zunächst sehr streng auf, änderte sich das mit der Zeit und die Möglichkeiten der Selbstverwaltung für die Emder Verantwortlichen wurden größer. In der Besatzungszeit war zunächst Georg Frickenstein, ein verdienter ostfriesischer Politiker aus der Weimarer Zeit, für die Leitung der Stadtverwaltung zuständig. Oberbürgermeister der Stadt wurde er auf Veranlassung der Militärregierung am 18. Mai 1945. Ihm zur Seite standen als hauptamtliche Senatoren Hinderk Brayer (SPD) und Gustav Wendt (KPD), zwei aufrechte, engagierte und unbelastete Männer, die zusammen mit den am 30. Juli

1945 berufenen ehrenamtlichen Senatoren Hermann Neemann, Heinrich Buss, Jan Weerda und Doede Risius mit Tatkraft darangingen, die Geschicke der Stadt und ihrer Bürger zu lenken. Noch im Dezember des Jahres 1945 kam es zur ersten Sitzung einer „Ernannten Stadtvertretung", in die 31 zuverlässige Emder mit Genehmigung der Besatzer berufen worden waren.

Vor diesen Personen lagen fast unlösbare Aufgaben. Zunächst musste der ganze Schutt aus der zerstörten Stadt beseitigt werden. Zum Glück gab es dafür Interessenten, die einen Teil der Trümmer des alten Emdens abholten und aus der Stadt schafften. Das größte Problem bestand in der Beschaffung von Wohnraum für mehr als 10.000 Wohnungssuchenden mit ihren Familien. Baracken bewohnten bald mehr als 2.500 Menschen im Umland der Stadt sowie in Loppersum und Engerhafe. Etwa 180 Familien wurden in ostfriesischen Dörfern wie Moordorf, Marienhafe und Neermoor mit Wohnraum versorgt. Weitere schwere Aufgaben bestanden darin, die Schulbauten auszubessern oder neu zu errichten. Emden brauchte unbedingt ein eigenes Krankenhaus, ausgebesserte oder neue Straßen, Brücken und Versorgungsanlagen. Die gesamte Infrastruktur musste neu geplant werden. Der Hafen, der Schiffbau, das Handwerk und der Handel lagen danieder und mussten neu belebt werden. Initiativen dazu waren vom Rat anzuregen und zu fördern.

Schon im Oktober 1946 wurden die ersten Kommunalwahlen in Niedersachsen durchgeführt. Der erste Rat der Stadt Emden nach der Zeit des Nationalsozialismus wurde gewählt. Die SPD erhielt 14 Sitze, die FDP neun Sitze und die KPD einen Sitz. Als am 30. Oktober die erste Sitzung dieses frei gewählten Rates in der Herrentorschule stattfand, wählte man den SPD-Mann Hans Susemihl, der dem DGB-Kreisausschuss Emden-Norden vorstand, zum neuen Bürgermeister.

Es ging bald an die Planungen zum Neuaufbau der Stadt. Das alte Emden sollte und konnte nicht wieder aufgebaut werden. Ein Flächennutzungsplan und ein Bebauungsplan entstanden zwischen 1947 und 1949. Ziel war es auf jeden Fall den Rats- und Falderndelft zu erhalten und das alte städtebauliche Abbild des Stadtzentrums bei allen zukünftigen Planungen zu gewährleisten.

Sitz der Stadtverwaltung war in den ersten fünf Jahren nach Kriegsende die Emsschule; aber auch einige Baracken wurden genutzt.

Was im Bereich des Baus und der Ausbesserung von Schulen von den Emder Verantwortlichen geleistet wurde, ist angesichts der acht zerstörten Schulgebäude und der zunächst fremd genutzten Herrentorschule und der Emsschule großartig.

Es sind vor allem das Engagement und die unermüdliche Arbeit von Oberstadtdirektor Karl Neemann zu nennen, der den Wiederaufbau des Schulwesens als eine der wichtigsten Aufgaben von Rat und Verwaltung ansah. In der ersten Nachkriegszeit wurden die wenigen Mittel dazu verwendet, teilzerstörte Schulbauten aufzubauen, Schulräume in nichtschulischen Gebäuden einzurichten und die Schulen in den Vororten von Emden auszubauen.

Die wirtschaftlichen Grundlagen der Stadt waren bei Kriegsende zerstört, die Betriebsamkeit im Hafen war erloschen. Die Flotte mit 36 Schiffen gab es nicht mehr, auf den Werften durfte nicht mehr gearbeitet werden und die Nordseewerke sollten sogar demontiert werden, weil die Besatzer ein Schiffbauverbot verhängt hatten. Die Emder Betriebe, Geschäfte, Hotels und Gaststuben waren weitgehend durch die Kriegseinwirkungen zerstört worden. Die Politik hatte zunächst dafür zu sorgen, dass die Stadt wirtschaftlich wiederbelebt wurde und durch politische Initiativen die Basis dafür gelegt wurde. Vier Hauptaufgaben mussten in den ersten Jahren nach 1945 angegangen werden. Es war der Hafenbetrieb in seiner ganzen Breite wieder herzustellen. Zum Glück waren die Hafenanlagen nicht zerstört worden und alle Schleusen und Anlagen waren weitgehend einsatzbereit. Den Umschlag im Hafen dagegen gab es fast gar nicht mehr. Der Schiffbau musste wieder in Gang gebracht werden, weil er der größte Industriezweig der Hafenstadt gewesen war. Die Gewerbebetriebe sollten wieder arbeiten und von Politik und Verwaltung unterstützt werden. Man sprach sich auch für die Entstehung von neuen Unternehmen in Industrie und Gewerbe aus und die administrativen Voraussetzungen sollten dazu geschaffen werden. Unterstützung in den wirtschaftspolitischen Fragen erhielt der Emder Rat von beratenden Mitgliedern u. a. aus der Werftindustrie und dem Schifffahrtswesen. Man bildete dazu 1946 den „Industrie- und Hafenausschuss" und richtete bei der Stadt ein Amt für Wirtschaftsförderung ein.

In diesen schweren ersten Jahren nach dem Krieg hungerten die Menschen trotz der allgemeinen Not und Anspannung auch nach kulturellen und sportlichen Angeboten. Initiativen dazu entstanden vielfach und die Stadt Emden förderte diese Bestrebungen gerne. So wurde u. a. eine Vereinigung von Ratsmitgliedern und engagierten Bürgern gegründet, das sogenannte Volksbildungswerk. Diese Einrichtung organisierte Kurse, um Menschen beruflich weiter zu qualifizieren, sowie musikalische Darbietungen und Vorträge zu ganz unterschiedlichen Themen und Wissensbereichen.

Aber nicht nur die Stadt Emden tat sich als Kulturträger hervor. Es gab in Emden einige eindrucksvolle Vereinigungen, die zum Teil sehr alt waren und nach dem Krieg ihre wichtige Arbeit bald wieder aufnahmen. Sie lieferten schon früh auf kulturellem Gebiet außergewöhnlich erfolgreiche Arbeit ab. Es waren ihre Mitglieder, die mit Idealismus und Sachverstand das Wirken dieser Institutionen prägten, wobei die Stadt gerne unterstützte und förderte, wenn ihre Hilfe erforderlich war. Auch die zahlreichen Vereine, die ihre Aktivitäten wieder aufnahmen oder auch neu gegründet wurden, leisteten auf den Gebieten der Musik, der Theaterarbeit u. ä. besonders wertvolle Arbeit.

Nicht unerwähnt bleiben dürfen die vielen Sportfreunde, die sich wieder in alten und neuen Vereinen zusammentaten. Die Militärregierung hatte schon bald nichts mehr gegen diese Aktivitäten; die Mitglieder der Sportvereine wurden jedoch in der ersten Zeit durch das Jugendamt der Stadt einer politischen Kontrolle unterzogen. Die aktiven Mitglieder packten mit an und richteten ihre Plätze und Anlagen wieder her. Auch auf diesem Gebiet half die Stadt Emden und unterstützte nicht nur ideell, sondern auch mit finanziellen Leistungen, wenn es nur irgendwie möglich war. Schon bald konnte daher der älteste Emder Sportverein, der Emder Turn-Verein (ETV) von 1861 seine Bronshalle wieder aufbauen. Diese Halle wurde in den Nachkriegsjahren auch genutzt für Musikkonzerte, Veranstaltungen und Tagungen im Bereich der Politik und der Wirtschaft, aber auch für Festlichkeiten.

Bernard Schröer, der unvergessene Emder Presseamtsleiter, Wirtschaftsförderer, Ratsherr und Publizist hat in seinen Schriften die Aufbaujahre der Stadt nach der „Stunde Null" eindrucksvoll dargestellt und für die Nachwelt erhalten. Aus seinen Publikationen ist zu ersehen, was für große Aufgaben die Menschen nach dem verlorenen 2. Weltkrieg und in der Nachkriegszeit bewältigen mussten. Für nachfolgende Generationen stellen sie aber auch eine Mahnung dar, Frieden zu halten und die destruktiven Tendenzen in sich sowie in Politik und Gesellschaft zu zügeln.

Politik und erste Wahlen nach dem 2. Weltkrieg

Nach dem verlorenen 2. Weltkrieg gehörte Ostfriesland zur britischen Besatzungszone. Um der Bevölkerung in den Stadt- und Landgemeinden der Region nach 1945 Mitgestaltungsmöglichkeiten auf demokratischer Grundlage zu eröffnen, bedurfte es der Wiederzulassung bzw. Neugründung von politischen Parteien und Gewerkschaften. Diese wurde auch in Ostfriesland unter strikter Kontrolle der Militärbehörden vollzogen.

Diejenigen Funktionäre der Parteien und Gewerkschaften, die das 3. Reich überlebt hatten, bauten mit einer neuen Generation ihre Organisationen auf und bezogen sich dabei auf die politischen Traditionen und Formen aus der Zeit vor 1933.

Mit der Verordnung Nr. 12 vom 15. September 1945 regelte die Militärregierung die Bildung von politischen Parteien. Die Verordnung wurde mit dem Ziel in Kraft gesetzt, „das Wachstum eines demokratischen Geistes in Deutschland zu fördern und um das Abhalten freier Wahlen an einem noch zu bestimmenden Zeitpunkt vorzubereiten".

Die „Nordwest-Nachrichten" der alliierten Militärbehörden spiegeln u. a. wider, wie Partei- und Gewerkschaftsorganisationen sich in der frühen Nachkriegszeit darstellten und welche Ziele des Neuaufbaus sie auch in der ostfriesischen Region verfolgten.

So hielt die Sozialdemokratische Partei für die Stadt und den Kreis Aurich im Dezember 1945 acht öffentliche Versammlungen in mehreren Landgemeinden ab. Diese wurden von der Bevölkerung durchweg gut besucht. Parteisekretär Th. Fischer aus Walle referierte in seinen Reden über die Geschichte der SPD und stellte als Ziel der Partei den Sozialismus dar. Er führte aus, dass die Hauptaufgabe allerdings die Neuordnung Deutschlands auf wirtschaftlichem, sozialem und rechtlichem Gebiet sei.

Für die Demokratische Union sprach Anfang Januar 1946 Jann Berghaus in Emden.

Von allen bisherigen Emder Versammlungen nach dem Krieg war diese die am stärksten besuchte in der Stadt. Jann Berghaus erläuterte die Programmpunkte der Demokratischen Union und hob hervor, dass insbesondere die christlichen Moralforderungen zur Grundlage der Gesetze des Staates gemacht werden müssten.

Zur gleichen Zeit veranstaltete die Kommunistische Partei in Wiesmoor und Marcardsmoor öffentliche Versammlungen. Der Referent Hinrich Ahrends (Aurich) sprach über das Aufbauprogramm der KPD; dieses sah u. a. eine verstärkte Eindeichung neuer Küstenflächen, Entwässerung von Brachland, Moorkultivierungen und die Gründung von Schlickgenossenschaften vor. Es sollten Bauernsiedlungen in der Größe von zwei bis zehn Morgen errichtet werden, die u. U. als Gärtnereien und Abmelkbetriebe bewirtschaftet werden könnten. Die KPD plante die Aufteilung von staatlichen Domänen an Landarbeiter und die Einrichtung von zwei Domänen als Mustergüter. Das Programm dieser Partei erregte besonders auf dem Lande großes Interesse.

In der frühen Nachkriegszeit bemühten sich in Ostfriesland zahlreiche Parteien u. a. um die politische Belehrung der Bevölkerung über die demokratischen Staatsgrundlagen und Gesetze. Sie trugen ihre Propaganda bis in die kleinen Gemeinden hinein. Dabei vertraten neben den einheimischen Parteirednern auch auswärtige Politiker ihre Standpunkte.

Die SPD lehnte die Verschmelzung oder zukünftige Listenverschmelzung mit der KPD ab und betonte, dass zunächst das Kräfteverhältnis in demokratischer Weise festgestellt werden müsste. Sie hielt ein Sofortprogramm für notwendig, um den wirtschaftlichen Neuaufbau zu beschleunigen und den vielen Entwurzelten und durch den Krieg aus der Bahn Geworfenen zu helfen.

In einer größeren Zahl von Landgemeinden im Kreis Wittmund veranstaltete die Demokratische Union im Dezember 1945 und Januar 1946 öffentliche Kundgebungen, die von zahlreichen Bürgern besucht wurden. In seinen Ausführungen über das politische Geschehen zwischen 1925 und 1945 betonte der Parteiredner Bruno Schröder (Hannover), dass es das deutsche Volk bereits in der Weimarer Republik versäumt habe, einen demokratischen Staat aufzubauen. Das politische Ziel der Demokratischen Union, ein anderes und neues Deutschland aufzubauen und ein friedliches Wohnen, Wirken und Leben aller Deutschen zu sichern, resultiere aus den Erfahrungen in der Weimarer Republik und dem 3. Reich. Die Überwindung von Nationalsozialismus und Militarismus, die Gewährleistung der Einheit Deutschlands und die Freiheit des Glaubens und Gewissens führte Bruno Schröder als gleichrangige Zielsetzungen auf. Die Demokratische Union wollte an den Grundsätzen des Privateigentums und der Privatwirtschaft festhalten.

In einer öffentlichen Versammlung gründeten Anfang Januar 1946 die Beamten und Angestellten der Stadt Norden ihre Berufsorganisation. Zu der Versammlung hatte die „Allgemeine Gewerkschaft" eingeladen. In einem Referat legte Lüttmer Oppenborn, Vorsitzender der Gewerkschaft, die Ziele seiner Organisation den zahlreich anwesenden öffentlich Bediensteten dar. Die Bildung von Betriebsräten wurde als dringendste Aufgabe bezeichnet. Vornehmste Aufgabe der Arbeitnehmerorganisation sei aber die Erziehung zum demokratischen Staatsgedanken.

Bei Neueinstellungen, Entlassungen und Problemen der Entnazifizierung in den Behörden und Betrieben sollten auch die Vertreter der Gewerkschaft gehört werden. Bei der Frage nach der Ersetzung der weiblichen Arbeitskräfte durch Kriegsversehrte und Wehrmachtentlassenen forderte er, zwischen den sog. Kriegshilfsangestellten und den Angestellten, die bereits vor dem Krieg auf ihre Stellungen angewiesen waren, zu unterscheiden. Ein Mitbestimmungsrecht der Betriebsvertreter wurde angestrebt bei Urlaubsangelegenheiten, Sozialbestimmungen, Lohnregelungen und Versicherungsfragen.

Ferner erhoffte sich die Gewerkschaft eine Verlagerung der aus den Kriegsfolgen resultierenden Mehrbelastung auf die Seite der Arbeitsgeber. Bei den Wahlen nach dem Referat von Oppenborn wurden als Vorsitzender, Kassierer und Schriftführer der Berufsorganisation die Herren Wiegreffe, Slink und de Vries gewählt.

Weitreichende Forderungen stellte die „Allgemeine Gewerkschaft" bei Fragen der Bodenreform auf. In dem Zusammenhang trafen sich am 12. und 13. Januar 1946 Landarbeiter auf zahlreich besuchten Versammlungen in Leezdorf, Marienhafe, Westdorf und Hagermarsch. Lüttmer Oppenborn sprach über die Ziele des Wirtschaftsausschusses seiner Organisation.

Die größeren Betriebe sollten demnach enteignet und die staatlichen Domänen aufgeteilt werden. Die in diesen Betrieben beschäftigten Landarbeiter waren als Neusiedler der Ländereien vorgesehen. Eine Enteignung der Ländereien und Gehöfte, die als Kapitalanlage von Personen und Gesellschaften dienten, wurde zusätzlich geplant. Im Sinne der Förderung eines landwirtschaftlichen Genossenschaftswesens schlug der gewerkschaftliche Wirtschaftsausschuss Betriebsgrößen von sechs bis acht Hektar für die Marsch, acht bis zehn Hektar für die Geest und zehn bis zwölf Hektar für das Moor vor.

Neubauernstellen und Siedlungen waren durch das Erbhofgesetz stark eingeschränkt; daher forderte man die sofortige Aufhebung dieses Gesetzes. An Stelle der extensiven Weidewirtschaft sollte die Landwirtschaft verpflichtet werden, eine intensive Ackerwirtschaft zu betreiben. Im Rahmen der wichtigen Vorarbeiten zu den

Eindeichungsprojekten plante die Gewerkschaft, den Beschäftigten der Anlandungs-arbeiten eine Siedlerstelle in Aussicht zu stellen. Für die Gesamtheit der ostfrie-sischen Bevölkerung sollte die Bedeutung der Landwirtschaft höher bewertet werden. Die zahlreichen Benachteiligungen des Landvolkes gegenüber der Stadtbe-völkerung wollte man beseitigen.

Im Dezember 1945 bestanden in den Städten und Gemeinden der Region bereits Übergangsparlamente mit ostfriesischen Parlamentariern. Die bereits unmittelbar nach dem Krieg von der Militärregierung ernannten Bürgermeister hatten dazu Bürger vorgeschlagen, die für die Tätigkeit in Betracht kamen. Die Militärbehörden wollten am Wirken dieser Übergangsparlamente prüfen, ob sie positive Schritte zum Aufbau einer demokratischen Gesellschaft einleiten konnten und ob die Parlamen-tarier nach Jahren der Diktatur noch fähig waren, nach demokratischen Regeln zu arbeiten. Die Gremien hatten den Namen „Ernannte Stadt-/Gemeindevertretungen" und die dort tätigen Bürger besaßen das Sitz- und Stimmrecht.

Im Februar 1946 hatte sich die Gemeindevertretung der Stadt Aurich mit dem Bür-germeister und 16 Gemeinderäten (Ratsherren) konstituiert. Die Gemeinderäte bekamen die Aufgabe, die Führung der Verwaltung der Gemeinde mit allen Schichten der Bürgerschaft sicherzustellen. Sie hatten bei ihrer Tätigkeit sachlich das Gemeinwohl der gesamten Stadt zu wahren und zu fördern.

Die Stadt- und Gemeindevertretungen ordneten generell wichtige und grundsätzliche Angelegenheiten der Kommunen, mussten zunächst allerdings über die eigene Verfassung beschließen. Ihre Versammlungen waren im Allgemeinen öffentlich. Für die laufende Verwaltung wurden nach ihrem Ermessen Ausschüsse gebildet, um wichtige Beratungsgegenstände vorzubereiten. Man bildete für unterschiedliche Sachgebiete diese Rats- und Arbeitsgruppen, die aus einem Vorsitzenden und zwei bis vier Mitgliedern bestanden.

Im Frühjahr 1946 verstärkten sich die Anzeichen dafür, dass es die Militärregierung mit dem Aufbau eines demokratischen Systems Ernst meinte. Es ergingen im Juni Anweisungen an die Verwaltungen, die Papierbestände für Wahlzettel zu überprüfen. Am 28. Juni 1946 wurde die Verordnung Nr. 32 der Militärregierung – „Das Verfahren bei den Gemeindewahlen" – auf öffentlichen Plätzen angeschlagen und in den Schaufenstern zahlreicher Geschäftsleute angebracht. Die ersten freien Wahlen nach der Hitler-Diktatur waren geplant. In der Verordnung Nr. 26 hatte die Besatzungsmacht bereits die Stärke der Vertretungen in den Gemeinden festgelegt.

„Wieder Herr im eigenen Haus werden" war das Motto der Kommunalwahlen, die am 15. September 1946 stattfanden. Nachdem bereits im Frühjahr 1946 die ersten Gemeinde-, Stadt- und Kreisvertretungen von den Militärbehörden ernannt worden waren, konnte die Bevölkerung durch diese Wahl selbst bestimmen, wer in den Gemeinden regieren sollte.

Die für die Ausübung des Wahlrechts wichtigste Verordnung war die über die Registrierung der Wähler (Verordnung Nr. 28). Sie bestimmte, dass nur die Personen ihre Stimme abgeben durften, deren Namen in einem Wahlregister aufgeführt waren.

Von der Eintragung in das Register und damit von der Teilnahme an der Stimm-abgabe ausgeschlossen waren Personen, von denen nicht erwartet werden konnte, dass sie den demokratischen Aufbau eines Staates unterstützen würden. Zu dieser Personengruppe rechnete man vor allem die früheren Leiter und Amtsträger der NSDAP, die Mitglieder der Gestapo, des Sicherheitsdienstes, der SS u. a. Ein zweiter Personenkreis, der von der Wahl ausgeschlossen war, umfasste die „alten Kämpfer", die der NSDAP, der SA, der HJ, dem BDM oder der NSFK vor dem 1. März 1933 angehört hatten.

Das System der Wahl stellte sich als eine komplizierte Mischung zwischen Mehrheitswahlrecht und Verhältniswahlrecht dar und lehnte sich an das englische Wahlsystem an. Bei der für die gesamte britische Zone Deutschlands durchgeführten Wahl wurden die Vertreter für 7.969 Gemeinden gewählt. Nach Berechnungen waren etwa 100.000 Sitze in den Gemeindeparlamenten zu besetzen, für die etwa 200.000 Kandidaten aufgestellt waren.

Wahlberechtigt waren in Ostfriesland – ohne den Stadtkreis Emden – etwa 166.000 Männer und Frauen. Diese verteilten sich auf die vier Kreise: Aurich 35.338, Leer 65.568, Wittmund 28.012 und Norden etwa 37.000 Personen. In zahlreichen Gemeinden brauchte keine Stimmabgabe zu erfolgen, da nicht mehr oder manchmal sogar weniger Kandidaten aufgestellt waren, als man Sitze im Gemeindeparlament vorgesehen hatte. Im Kreis Aurich war das bei 33 von 68 Gemeinden der Fall, im Kreis Norden bei 44 von 69, im Kreis Wittmund bei 39 von 66 und im Kreis Leer bei 44 von 110 Gemeinden.

Der 15. September 1946 verlief in Ostfriesland ruhig. Die Wahlbeteiligung war allerdings nicht so stark, wie viele erwartet hatten und zeigte, dass ein großer Teil der Bevölkerung sich noch sehr von den täglichen Nöten und der Last der Zeit gefangen nehmen ließ.

Die Gemeinden, in denen es keiner Wahl bedurfte, weil nur wenige Wahlvorschläge vorlagen und sich eine Stimmabgabe erübrigte, waren auch noch Ausdruck einer politischen Resignation. Mit dem Wahlsystem konnte sich die Bevölkerung trotz der Aufklärung durch Rundfunk und Presse nicht recht abfinden. Das beweisen die vielen ungültigen Stimmzettel, aber auch die Aufteilung der Sitze, die nicht im Verhältnis zu den für jede Partei abgegebenen Stimmen stand.

Abschlussergebnis der ostfriesischen Gemeindewahlen, 15.9.1946:

Kreis	wahl-berechtigt	Wähler	ungültige Stimmen	CDU	FDP	NLP	SPD	KPD	Partei-lose
Aurich Vertreter ohne Wahl	23.966	16.719	782	-	34.140 145 13	646 4 -	15.717 37 18	10.586 23 9	21.739 9 111 203
Leer Vertreter ohne Wahl	55.569	41.393	2.474	75.446 275 15	31 1 5	1.909 13 -	52.465 179 15	5.176 7 3	29.178 190 200
Norden Vertreter ohne Wahl	29.911	22.612	2.279	4.678 15 -	8.902 31 1	5.077 33 3	38.275 173 21	4.242 9 -	33.832 175 150
Wittmund Vertreter ohne Wahl	19.140	13.876	706	-	16.663 84 73	-	14.136 75 8	1.290 1 3	25.369 189 97
Summe Vertreter	128.586	94.600	6.241	80.124 305	59.736 353	7.632 53	120.593 526	21.294 55	110.118 1.315

108

Die Sitzverteilung in den Landkreisen:

Kreis	CDU	FDP	NLP	SPD	KPD	Unabhängige	Gesamt
Aurich	-	158	4	55	32	314	563
Leer	290	6	13	194	10	390	903
Norden	15	32	36	194	9	325	611
Wittmund	-	157	-	83	4	286	530
insgesamt	305	353	53	526	55	1.315	2.607

Nur durch das neuartige System war es zu erklären, dass bei einer Stimmenzahl von 6.129 die FDP in Aurich 15 Sitze erhielt, während die SPD bei 3.437 Stimmen keinen Sitz in der direkten Wahl errang. Nicht anders war es mit den Stimmen der KPD, die in Aurich 1.1.75 Stimmen, aber keinen Sitz direkt erhielt. Erst aus dem „Reservestock" wurden für die SPD drei, für die KPD ein zusätzlicher und für die FDP zwei weitere Vertreter gewählt.

Im Gegensatz zu der Stadt Aurich zeigte die Wahl im Kreis Aurich allerdings ein anderes Bild. Hier hatte die FDP fast die Hälfte aller Sitze in den Gemeindeparlamenten erhalten, während die KPD mit 32 vertreten war. Außerordentlich hoch war die Zahl der Unabhängigen mit 314 Sitzen, obwohl die Stimmenzahl für die Parteilosen mit 21.739 die der FDP bei Weitem nicht erreichte. Begründen ließ sich diese hohe Zahl der Mandate für die Unabhängigen durch die Zahl der Gemeinden, in denen keine Stimmabgabe stattfand, die Vertreter also schon bei Aufstellung der Liste als gewählt galten. Ähnlich war es in anderen Gemeinden und Städten. Es kamen insgesamt 815 Vertreter auf diese Weise in die Gemeindeparlamente.

Ein Kuriosum stellte die Wahl in einer Gemeinde dar, in der sechs Vertreter aufzustellen waren. Nur ein Vertreter erhielt die nötige Stimmenzahl. Nach dem Gesetz hätte er nun als Vertreter der Gemeinde das Recht gehabt, die fünf anderen selbst zu bestimmen. Hier musste allerdings eine Änderung der Wahlbestimmungen vorgenommen werden. Eine diesbezügliche Anordnung wurde dann auch unverzüglich getroffen.

Wiederaufbau des städtischen und sportlichen Lebens

Die Situation der ostfriesischen Stadt Aurich im Winter 1946 kann u. a. an den Schwierigkeiten und Aufgaben ermessen werden, die vor der neuen Gemeindevertretung lagen. Die Finanzlage stand als Problem an erster Stelle. In den Kriegsjahren waren die Reserven der Stadt nicht angegriffen und im Allgemeinen die einer geordneten Wirtschaft entsprechenden Rücklagen gebildet worden. Die zunehmenden Zerstörungen und der Rückgang des Wirtschaftslebens im Jahr 1945 brachten jedoch größere finanzielle Schäden für Aurich.

Der Kreis belastete die Stadt 1945 mit erhöhten Kreis- und Kriegsumlagen, dadurch war im Herbst 1945 eine Erhöhung der städtischen Steuern nötig geworden. Die etatmäßige Grundsteuer blieb der Stadt allerdings erhalten. Unter den gegebenen Zeitumständen konnte man den finanziellen Zustand Aurichs im Allgemeinen noch als befriedigend bezeichnen. Andere Kommunalverbände waren vielfach weitaus härter von den Kriegsgegebenheiten getroffen worden.

Mit dem Zusammenbruch des „Dritten Reiches" hatte die Stadt jedoch zahlreiche Flüchtlinge aufnehmen müssen. Diese Menschen benötigten neben Wohnungen, die die Auricher durch Einschränkungen ihres Raumbedarfs zur Verfügung stellen mussten, vor allem umfangreiche geldliche Unterstützungen. Die gesamtstädtischen Steuern reichten im Winter 1946 nicht mehr, um die Summen für die sog. „Wohlfahrtspflege" zu decken. Diese Lasten mussten daher von allen Kommunalverbänden des Gebietes Niedersachsen gemeinsam getragen werden.

Ein weiterer schwieriger Beratungsgegenstand der neuen Gemeindevertretung in Aurich wurde die Arbeitsfrage bzw. Arbeitsbeschaffung. In den ersten acht Monaten nach dem Zusammenbruch hatte sich eine Anzahl kleiner und mittlerer Betriebe in Aurich neu angesiedelt. Um den vielen Menschen umfangreiche Arbeitsmöglichkeiten zu bieten, musste es das Bestreben der Stadt sein, auch auswärtige Industrien mittleren und größeren Umfangs anzusiedeln. Das relativ wenig zerstörte Ostfriesland konnte diesen Industrien auch in einer vergrößerten Stadt Aurich Raum und Platz bieten. Das Stadtgebiet sollte daher zur Gewinnung von Industriegelände, zum Ausbau von Bahnanlagen und zum Bau von Siedlungen erweitert werden. Des Weiteren sollte die stark bevölkerte Umgebung Aurichs von den städtischen Werken, Kultureinrichtungen, Schulen u. a. profitieren.

Die Stadtschule hatte z. B. schon im Februar 1946 etwa 180 Schüler aus benachbarten Gebieten aufgenommen. Von ähnlicher Bedeutung zeigte sich die Handels- und Berufschule, die ebenfalls bereits in erheblicher Weise aus den angrenzenden Orten besucht wurde und im Februar 1945 500 Schüler unterrichtete. Durch die Zeitumstände war jedoch die Durchführung des Berufsschulzwanges in den Landgebieten sehr nachgiebig behandelt worden, sonst hätte die Schülerzahl bei etwa 800 gelegen.

Die Volkshochschule als neue Kulturinstitution hatte bis zur 1. Sitzung der neuen Gemeindevertretung bereits 700 Schüler gehabt, etwa 4.000 Menschen hörten Vorträge dieser Einrichtung. Im Winter wurde die Schule leider durch Brennstoffmangel erheblich behindert. Die städtischen Werke zeichneten sich durch intensive Bemühungen aus, den Bedürfnissen der zahlreichen Auricher Bürger – deren Anzahl von etwa 6.800 im Jahre 1939 auf etwa 12.000 im Jahre 1946 gestiegen war – gerecht zu werden.

Die Gaserzeugung belief sich vor dem Krieg auf 436.000 Kubikmeter und erreichte im Jahre 1945 etwa 497.000 Kubikmeter. Die Befriedigung des gestiegenen Bedarfs hatte in den Nachkriegsmonaten sehr zu wünschen übrig gelassen. Das Gaswerk konnte allerdings durch Holzgas einen relativen Ausgleich schaffen.

Das Wasserwerk hatte 1938 eine Förderung von 374.000 Kubikmeter und 1945 eine von etwa 614.000. In der Kriegszeit waren erhebliche Rohrschäden entstanden. Auch im Betrieb stellten sich anfängliche Störungen ein, weil die Filtermasse zeitweilig nicht ergänzt werden konnte. Durch besondere Arbeitskolonnen gelang es jedoch, die Rohrschäden fortlaufend zu vermindern und durch verschiedene technische Vorkehrungen Maßnahmen zu treffen, um das Wasser zu reinigen.

Die Elektrizitätsversorgung konnte bei dem enormen Verbrauchszuwachs den Bedarf 1946 nicht mehr decken, so dass regelmäßig Sperrstunden eingelegt werden mussten. Bei der Müllabfuhr fehlte es noch an Lagerplätzen; man wollte jedoch bald Erdvertiefungen in angrenzenden Landgebieten nutzen. Für die Straßenanlagen und –bepflasterungen war in den zurückliegenden Jahren kaum etwas getan worden. Im Frühjahr 1946 sollten sie aber durchgreifend aufgeräumt und wichtige Stellen durch neue Randbepflanzungen verschönert werden.

Das Baugewerbe konnte sich bis zum Februar 1946 in der Regel nur bei der Beseitigung von Bombenschäden betätigen, da neue Bauarbeiten von der Militärregierung noch nicht genehmigt waren. Daneben stellte die Rohstoff- und Werkstoffknappheit für diesen Wirtschaftszweig eine große Schwierigkeit dar. Die Wohnungsnot als eine der großen Probleme der Zeit konnte daher zumindest bis zum Frühjahr 1946 nicht in Ansätzen gemindert werden. Es war allerdings der Bau von zahlreichen Baracken und Behelfsheimen zu relativ günstigen Herstellungspreisen geplant.

Trotz dieser Probleme sehnten sich viele Menschen in Ostfriesland nach dem 2. Weltkrieg nach ihren alten Sportfreunden, und es zog sie zu den Sportstätten, soweit diese nicht beschlagnahmt, zweckentfremdet oder gar zerstört waren. Das geschah in einer Zeit, in der es um nicht viel mehr als die Existenzerhaltung ging. Der Sport bot Freude und Abwechslung in dieser Trostlosigkeit und rief relativ früh wieder zu Leistungsvergleichen und Wettkämpfen auf.

Sein Neubeginn war mit großen Schwierigkeiten verbunden. Durch den Krieg gezeichnete Menschen hatten jedoch den Mut, u. a. durch den Sport über eine schwere Phase hinwegzukommen. Spielfelder wurden oft provisorisch auf Wiesen hergerichtet, Sportschuhe gegen Fett oder Speck eingetauscht und Ledertaschen zu Ballhüllen umgearbeitet. Auf klapprigen Lastkraftwagen oder behelfsmäßig zusammengebundenen Fahrrädern ging es in einer armseligen Sportbekleidung zu den teils nicht markierten Spielfeldern mit provisorischen Toren. Die Wettkämpfer gingen manchmal mit knurrendem Magen an den Start.

Der Wiederaufbau in der ostfriesischen Region ging maßgeblich von den Sportpersönlichkeiten der Weimarer Republik aus. Sie übernahmen in der Regel die ehrenamtlichen Funktionen beim lokalen Aufbau. Vereinsgründungen erlaubte die Besatzungsmacht jedoch nur in eingeschränktem Umfang. Im Herbst 1945 durfte in kleinen Gemeinden und Städten jeweils ein Verein gegründet werden. Das Vereinswesen besaß u. a. durch das Engagement der Sportrepräsentanten in Ostfriesland zeitig einen beachtlichen Organisationsgrad.

Im Bereich des Fußballsports nahm man 1946 in den Landkreisen Aurich, Wittmund und Norden den Spielbetrieb gemeinsam auf. Die Wettkämpfe begannen mit neun Vereinen, 17 Herren- und acht Jugendmannschaften. In diesem Bereich waren die Männer der „ersten Stunde" G. Lottmann (Vorsitzender), R. Lüken (Spielbetrieb), A. Junitz (Jugendarbeit), Herr Olech (Schiedsrichterwesen) und Herr Grunert (Schriftführer). Sie wurden in den ersten Monaten des Jahres von den Vereinsvertretern gewählt, und man einigte sich auf den Namen „Kreis Nordwest" für den Wett-kampfbezirk.

Die ostfriesischen Sportler traten Ende Januar 1946 in Aurich zu einer Tagung zusammen, um den im Regierungsbezirk neu gegründeten Vereinen und Sport-stätten eine feste Organisation zu geben. Der Sportreferent beim Oberpräsidenten in Hannover, Studienrat Hunecke, plädierte für eine neue Volkssportbewegung ohne politische und konfessionelle Fronten und unter Führung politisch einwandfreier Persönlichkeiten. Möglichst nur ein Verein an jedem Ort sollte die Sporttreibenden unter Bildung von Abteilungen für jede Sportart zusammenfassen, um den Wett-kampfbetrieb völlig selbständig durchzuführen. Die allen Vereinen angegliederten Jugendgruppen bedurften der ausdrücklichen Genehmigung der Militärregierung. Betriebs-, Firmen- und Behördensportvereine wurden nicht mehr zugelassen. Es war den Vereinen gestattet, die traditionellen Vereinsnamen zu führen, sofern sie ge-währleisteten, dass sie die neuen Sportaufgaben und –ziele nicht beeinträchtigten.

Der ostfriesische Sportverband, zu dessen vorläufigem Vorsitzenden Herr Hoffmann aus Emden gewählt wurde, war eine Untergliederung des Sportverbandes Nieder-sachsen, der im Laufe des Monats Februar in Hannover eine konstituierende Tagung abzuhalten plante. Danach sollte der ostfriesische Verband seinen Vertretertag einberufen, um einen endgültigen Vorstand zu wählen und die Kreisorganisation festzulegen.

In den führenden Vereinen des ostfriesischen Sports wurden im Laufe des Februars 1946 die Jugendobmänner eingesetzt. Ihnen fiel die Betreuung des Sportnach-wuchses zu. Bezirks- und Kreisjugendpfleger führten daneben die Aufsicht, dass die Erziehung in den Vereinen nach den Grundsätzen der „neuen Zeit" erfolgte. Die Vereine hatten Anfang 1946 einen beachtlichen Zulauf von Jugendlichen.

Der „VfL Germania Leer" als größter ostfriesischer Sportverein führte im Februar 1946 einen Schiedsrichterkursus durch, um vor allem Spielleiter für die Ballsportarten auszubilden. Zur gleichen Zeit hatte Leer als erster Kreis des Bezirksverbandes die Verbandsspiele im Fußball aufgenommen. Über 20 Männer- und Jugendmann-schaften nahmen an den Punktspielen teil.

Im Mai 1946 wurde für die Instandsetzung der Emder Sportplätze von den zuständigen Stellen eine Sammlung genehmigt, die von den Sportlern selbst durchgeführt werden sollte. Der Sportausschuss der Stadt beschloss, die beiden Tennisplätze am Wall wieder herzurichten. Ein gemeinsames Sport- und Tummelgelände für die Jugend von Wolthusen und Uphusen wurde nach der Eingemeindung von Uphusen angelegt. Daneben gründete die Sportgemeinschaft nach der Genehmigung des Wassersports durch die Militärbehörden eine Wassersportgruppe.

Ende Mai 1946 trafen sich zum ersten Mal nach dem Wiederaufbau der Sportvereine in Leer die Jugendpfleger und Sportkreisbeauftragten. Die Vertreter aller ostfriesischen Vereine waren eingeladen, und die neuen Ziele des ostfriesischen Sports wurden in gemeinsamer Beratung festgelegt. Als Gast der Militärregierung sprach Major Judell über die Bedeutung des Sports und insbesondere des „Fair play".

Zu einem sportlichen Großereignis in der frühen Nachkriegszeit kam es in den Ostertagen 1946 in Leer. Im März des Jahres war es dem „VfL Germania Leer" gelungen, den deutschen Fußballmeister „Schalke 04" zu einem Freundschaftsspiel für den Ostermontag zu verpflichten. Die zum Teil in Gelsenkirchen geführten Verhand-lungen waren trotz aller Schwierigkeiten zu dem positiven Abschluss gekommen.

Das Gastspiel sollte einen festlichen Rahmen erhalten und erforderte umfangreiche Vorbereitungen. Neben der Anbringung einer Lautsprecheranlage wurde das Spiel-gelände gründlich überholt und mit einer neuen Umzäunung versehen. Die mehrreihigen Sitzplätze ergänzte man durch eine Tribüne, auf der 500 Menschen untergebracht werden konnten.

Anlässlich dieses Fußballspiels wurden zwei Sonderzüge ab Norden und Papenburg eingesetzt, die auf allen Stationen hielten. Die Hin- und Rückfahrtzeiten waren derart festgelegt, dass die Fußballanhänger auf jeden Fall vor Spielbeginn den Sportplatz an der Logaer Allee erreichen konnten, um nach dem Spiel zeitig den Bahnhof Leer zu betreten.

Die Mannschaft von Schalke 04 traf am Ostersonntag in Leer ein; am Ostermontag fand ein Empfang im Rathaus statt. Schon früh begann die Wanderung der sehr zahlreichen Zuschauergruppen zur Sportanlage, die bis auf den letzten Platz gefüllt war. Sie empfingen die Mannschaften mit einer großen Begeisterung.

Das Spiel wurde zu einer eindrucksvollen Demonstration der Fußballkunst des Meisters, bei der die Männer um Szepan, Klodt und Tibulski die Beherrschung aller technischen Feinheiten zeigten. Der Fußballmeister schlug Germania Leer mit 4:0 Toren. Die Leeraner zeigten ein kämpferisch hervorragendes Spiel, waren aber letztlich der Spielkunst des Meisters nicht gewachsen.

Der Fußballsport setzte sich auch in Ostfriesland immer mehr durch und hatte mit dem Gewinn der Weltmeisterschaft 1954 durch die deutsche Nationalmannschaft einen ersten Höhepunkt nach den schweren Jahren des Krieges und des Wiederaufbaus.

Quellen und Literatur

Akten des Niedersächsischen Landesarchivs in Aurich:
Rep. 6, Nr. 2522, Nr. 2523.
Rep. 244, Nr. A 203.
Dep. 34 C, Nr. 12, Nr. 22, Nr. 23, Nr. 24, Nr. 112, Nr. 987.
Rep. 15, Nr. 1450, Nr. 1495, Nr. 1496, Nr. 12045.

Arends, Fridrich: Ostfriesland und Jever in geographischer, statistischer und besonders landwirthschaftlicher Hinsicht, Bd 1 – 3, Emden 1820, Nachdruck Leer 1974.

Bartels, Petrus Georg: Ostfriesland in der Römerzeit, in: Jahrbuch der Gesellschaft für Bildende Kunst und Vaterländische Altertümer zu Emden, 1877, Bd. 2.

Beninga, Eggerik: Cronica der Fresen, Teil 1: Das 1. bis 3. Buch, bearbeitet von Louis Hahn, Aurich 1961.

Canzler, Gerhard: Der Störfang auf der Ems. Ehemals ein einträgliches Geschäft, in: Unser Ostfriesland, Beilage der Ostfriesen-Zeitung, 2007, Nr. 5.

Clemens, Michael: 1816: Horster feierten Rückkehr ihrer Landwehr-Männer. In der „Allianz" gegen Napoleon gekämpft, in: Friesische Heimat, Beilage des Anzeigers für Harlingerland, 1995, 14.

Deeters, Walter: Kleine Geschichte Ostfrieslands, Leer 1985.

Ders.: Kleinstaat und Provinz. Allgemeine Geschichte der Neuzeit, in: Behre, Karl-Ernst/Lengen, Hajo van (Hrsg.): Ostfriesland. Geschichte und Gestalt einer Kulturlandschaft, Aurich 1998, 3. Aufl.

Drees, Heinrich: Wegebau bereitete zu allen Zeiten Sorgen, in: Friesische Heimat, Beilage des Anzeigers für Harlingerland, 1953, Nr. 96.

Ders.: Aufstand der Bauern gegen Napoleon. Überall im Harlingerland wurden die Sturmglocken geläutet, in: Friesische Heimat, Beilage des Anzeigers für Harlingerland, 1959, 228.

Ders.: Der erste Lehrer war zugleich Kolonist: aus einer Verleihungsurkunde für die Schule zu Blomberg, in: Der Deichwart, Beilage der Zeitung Rheiderland, 1960, Nr. 31.

Ders.: Ostfriesen dienten in preußischen Heeren: die Landwehr bei Ligny in der Feuertaufe, in: Unser Ostfriesland, Beilage der Ostfriesen-Zeitung, 1964, Nr. 17.

Ders.: Hajung Gerdes erzählt aus seinem Leben: Freiwilliger im 3. Westfälischen Landwehr-Regiment, in: Friesische Heimat, Beilage des Anzeigers für Harlingerland, 1965, Nr. 4.

Ders.: Von Jagd und Jagdgerechtigkeit in Ostfriesland, in: Unser Ostfriesland, Beilage der Ostfriesen-Zeitung, 1969, Nr. 17.

Ders.: Aus der Chronik der Bäckergilden zu Aurich, Esens und Wittmund, in: Heimatkunde und Heimatgeschichte, Beilage der Ostfriesischen Nachrichten, 1984, Nr. 1.

Ders.: „Unordnung mit Saufen, Fressen und Fluchen": trotz aller Verbote und Ermahnungen betrieben die Ostfriesen das Klootschießen, in: Heimatkunde und Heimatgeschichte, Beilage der Ostfriesischen Nachrichten, 1989, Nr. 1.

Ders.: „Eine Belohnung für die Hülfeleistung": 1752 wurde auch in Ostfriesland eine Verordnung für Hebammen-Honorar erlassen, in: Heimatkunde und Heimatgeschichte, Beilage der Ostfriesischen Nachrichten, 1990, Nr. 8.

Ders.: Unternehmungslustige Insulaner – sture Behörden: Ministerium gegen Errichtung weiterer Seebäder auf den ostfriesischen Inseln, in: Heimatkunde und Heimatgeschichte, Beilage der Ostfriesischen Nachrichten, 2007, Nr. 6.

Ders.: Auch für das Vergnügen der Gäste sorgen: aus der Frühzeit des Seebades Norderney; preußische Stiftung zum Besten der Armen, in: Heimatkunde und Heimatgeschichte, Beilage der Ostfriesischen Nachrichten, 2011, Nr. 9.

Droege, Heinrich: Jagd war einst Privileg des Adels, in: Heimatkunde und Heimatgeschichte, Beilage der Ostfriesischen Nachrichten, 1997, Nr. 10.

Eilts, J.: Springende Lachse und Störe. Die Ems war früher eine einträgliche Fischereiquelle, in: Heimatkunde und Heimatgeschichte, Beilage der Ostfriesischen Nachrichtern, 1981, Nr. 3.

Emmius, Ubbo: Friesische Geschichte, Bd. 2, Aus dem Lateinischen übersetzt von Erich von Reeken, Frankfurt am Main, 1981.

Engelkes, G.: Einst Sardellen aus der Ems. Gute Einnahmequelle für Ditzumer Fischer, in: Heimatgeschichte und Heimatkunde, Beilage der Ostfriesischen Nachrichten, 1996, Nr. 11.

Evers, Hermann: Schlacht auf den „wilden Äckern" vor 550 Jahren, in: Ostfreesland. Kalender für Jedermann, Bd. 60, 1977.

Faß, Dirk: Hexen. Von Hexen und Hexenprozessen zwischen Weser und Ems, Oldenburg 2003.

Fiks, Norbert: Die Römer in Ostfriesland: archäologische und literarische Spuren. Leer 2002.

Fischer, Wolfram: Armut in der Geschichte. Erscheinungsformen und Lösungsversuche der „Sozialen Frage" in Europa seit dem Mittelalter, Göttingen 1982.

Gauger, Gerd-D.: Kutschfahrer-Romantik gab es nur auf Postkarten, in: Ostfriesische Nachrichten, 3. 4. 2010.

Giermans, Heinz J., Erster Weltkrieg im Oberledingerland, Rhauderfehn 2014.

H. H. H.: Hamburg beherrschte den Kaviarhandel. Störfischerei war früher an der Ems ein lukratives Gewerbe, in: Heimatkunde und Heimatgeschichte, Beilage der Ostfriesischen Nachrichten, 1999, Nr. 3.

Hermann, Michael/Weßels, Paul: Ostfriesland im Ersten Weltkrieg, Aurich 2014.

Haddinga, Johann: Vor 100 Jahren: Freie Fahrt für die Eisenbahn Norden – Norddeich, in: Heim und Herd, Beilage des Ostfriesischen Kuriers, 1992, Nr. 5.

Huismann, Hinrich: Die Einführung der Reformation in Ostfriesland unter besonderer Berücksichtigung der konfessionellen Spaltung, Examensarbeit für das Lehramt an Realschulen, Oldenburg 1977.

Husung, Hans-Gerhard: Protest und Repression im Vormärz. Norddeutschland zwischen Restauration und Revolution, Kritische Studien zur Geschichtswissenschaft, Bd. 54, Göttingen 1983.

Janssen, Karl-Heinz: Rachsüchtige Römer landeten in der Emsmündung, in: Friesische Blätter, Beilage des General-Anzeigers, 2010, S. 30.

Ders.: Als die Menschen Ostfriesland den Rücken kehrten, in: Friesische Blätter, Beilage des General-Anzeigers, 2010, S. 30.

Klöver, Hanne: Puppentanten: ostfriesische Hebammen im 19. Jahrhundert, in: Ostfriesland-Magazin, 1999, Nr. 6.

Klopp, Onno: Geschichte Ostfrieslands, Bd. 1 bis 1570, Hannover 1854, Nachdruck Niederwalluf bei Wiesbaden 1971.

Korte, Wilhelm: Wie die Eisenbahn nach Norden kam, in: Heim und Herd, Beilage des Ostfriesischen Kuriers, 1964, Nr. 8.

Ders.: Von der Aa bis zur Ostsee. Napoleon plante Ausbau der Wasserwege, in: Heimatkunde und Heimatgeschichte, Beilage der Ostfriesischen Nachrichten, 2007, Nr. 9.

Ders.: Das Landwehrregiment wurde aufgelöst: aber die Wehrpflicht blieb auch unter Hannover bestehen, in: Heimatkunde und Heimatgeschichte, 2007, Nr. 11.

Lang, Arend W.: Historisch-technische Entwicklung des Deich- und Sielbaues an der niedersächsischen Küste, 1. Teil: Mittelalter, Maschinenschr., o. O., (ca. 1970).

Leding, Okko: Die Freiheit der Friesen im Mittelalter und ihr Bund mit den Versammlungen beim Upstallsbom, Emden 1878, Nachdruck Walluf bei Wiesbaden, 1973.

Lengen, Hajo van: Der Upstalsboom: Hügel, Tagungsort, Sinnbild, in: Ostfriesland, Zeitschrift für Kultur, Wirtschaft und Verkehr, 1982, Nr. 2

Leymann, Günther: Domäne Kloster Appingen. Eine agrarhistorische Untersuchung über 600 Jahre eines Marschhofes im Westteil Ostfrieslands, in: Steffens, Gerhard (Hrsg.): Die Acht und ihre sieben Siele, Pewsum/Leer 1987.

Lossie, Heiko: Ganz klar: Hier gab es Kontakt, in: Der Deichwart, Beilage der Grenzlandzeitung Rheiderland, 2008, S. 3.

Meyer, Theo: „Von deren Colonisten Lande zu Eckels", in: Heimatkunde und Heimatgeschichte, Beilage der Ostfriesischen Nachrichten, 1992, Nr. 2.

Ders.: „Wir sodenn mit den Unsrigen verhungern müssten", in: Heimatkunde und Heimatgeschichte, Beilage der Ostfriesischen Nachrichten, 1994, Nr. 5.

Ders.: Ekels und Neu-Ekels, in: Unser Ostfriesland, Beilage der Ostfriesen-Zeitung, 1994, Nr. 12.

Ders.: Von deren Colonisten Lande. Aus der Geschichte des Südbrookmerlandes, Oldenburg 1998.

Ders.: Ein schwieriger Neubeginn nach 1945 – am Beispiel der ostfriesischen Stadt Aurich: Militärregierung schaffte Übergangsparlamente um Demokratiefähigkeit zu testen, in: Friesische Heimat, Beilage des Anzeigers für Harlingerland, 2006, Nr. 5.

Ders.: Erste Wahlen in Ostfriesland: am 15. September waren 166.000 Personen in Ostfriesland (ohne Emden) wahlberechtigt; viele ungültige Stimmzettel, in: Friesische Heimat, Beilage des Anzeigers für Harlingerland, 2006, Nr. 13.

Ders.: Spielfelder provisorisch hergerichtet: Sportschuhe gegen Fett eingetauscht; der Sport in Ostfriesland nach 1945, in: Friesische Heimat, Beilage des Anzeigers für Harlingerland, 2006, Nr. 15.

Ders.: Bettler und Hungerkriminalität: Schilderungen aus dem Amt Norden im 19. Jahrhundert, in: Heim und Herd, Beilage des Ostfriesischen Kuriers, 2017, Nr. 6.

Ders.: Ein Kampf um den Glauben: das Reformationsjahrhundert in Ostfriesland: eine Übersicht, in: Heim und Herd, Beilage des Ostfriesischen Kuriers, 2017, Nr. 7.

Ders.: Der Deichbau im Mittelalter: unvorstellbar mühselige und schwere körperliche Arbeit, in: Heim und Herd, Beilage des Ostfriesischen Kuriers, 2017, Nr. 8.

Ders.: Ordnung im Norderneyer Badeleben: Kurioses und Alltägliches aus der Pionierzeit, in: Heim und Herd, Beilage des Ostfriesischen Kuriers, 2017, Nr. 10.

Ders.: Start in politische Neuordnung: nach 1945 wurden Gewerkschaften neu gegründet, in: Friesische Heimat, Beilage des Anzeigers für Harlingerland, 2017, Nr. 11.

Ders.: Römer und Ostfriesen: Quellen aus altem Schrifttum und archäologische Funde, in: Heim und Herd, Beilage des Ostfriesischen Kuriers, 2017, Nr. 11.

Ders.: Das Kloster Appingen in der Krummhörn: 1436 gegründet: Ordensgemeinschaft der Karmeliter-Mönche, in: Heim und Herd, Beilage des Ostfriesischen Kuriers, 2017, Nr. 11.

Ders.: Insulaner gegen ihren Pastoren: Blick auf das Miteinander auf den Inseln im 19. Jahrhundert, in: Friesische Heimat, Beilage des Anzeigers für Harlingerland, 2017, Nr. 19.

Ders.: Alkoholmissbrauch in Ostfriesland. Probleme schon in der Frühen Neuzeit, in: Heim und Herd, Beilage des Ostfriesischen Kuriers, 2018, Nr. 2.

Ders.: Scheiterhaufen für Verurteilte: Hexenverfolgungen gab es im Mittelalter auch in Ostfriesland, in: Friesische Heimat, Beilage des Anzeigers für Harlingerland, 2018, Nr. 5.

Ders.: Erste Straßen in Ostfriesland: schlechte Wegeverhältnisse im 17. und 18. Jahrhundert, in: Heim und Herd, Beilage des Ostfriesischen Kuriers, 2018, Nr. 5.

Ders.: Unruhe bei den Fischern: mit dem Störfang beginnt ein ganz neues Geschäft, in: Heim und Herd, Beilage des Ostfriesischen Kuriers, 2018, Nr. 5.

Ders.: Normannen in Ostfriesland: Invasionsheere fielen in die Küstenzone ein, in: Heim und Herd, Beilage des Ostfriesischen Kuriers, 2018, Nr. 9.

Ders.: Mindestlohn für „Wehemütter": zur Geschichte der Hebammen auf der ostfriesischen Halbinsel, in: Friesische Heimat, Beilage des Anzeigers für Harlingerland, 2018, Nr. 12.

Ders.: Bäckerzünfte von Bedeutung: über die früheren Handwerksbetriebe in Esens und Wittmund, in: Friesische Heimat, Beilage des Anzeigers für Harlingerland, 2018, Nr. 15.

Ders.: Pogrom sorgt vor 80 Jahren für Entsetzen: Antisemitismus gewann 1938 auch an der Küste große Dynamik, in: Friesische Heimat, Beilage des Anzeigers für Harlingerland, 2018, Nr. 18.

Ders.: Von der Jagd zur Zeit der Cirksena: alte Quellen berichten von Episoden und Kuriositäten, in: Heim und Herd, Beilage des Ostfriesischen Kuriers, 2019, Nr. 1.

Ders.: Pionierzeit: Ostfrieslands Eisenbahnen: Planspiele, Hoffnungen, Enttäuschungen: Start im Sommer 1856, in: Heim und Herd, Beilage des Ostfriesischen Kuriers, 2019, Nr. 2.

Ders.: Von Brunnen und Brandeimern: Brandbekämpfung in Esens und Wittmund in fürstlicher Zeit, in: Friesische Heimat, Beilage des Anzeigers für Harlingerland, 2019, Nr. 4.

Ders.: Menschen im Moor: hartes Leben der ersten Kolonisten: Einzelschicksale, in: Heim und Herd, Beilage des Ostfriesischen Kuriers, 2019, Nr. 5.

Ders.: Schwieriger Start für Unterricht: aus der Schulgeschichte von Blomberg: Schulgeschichte begann 1838, in: Friesische Heimat, Beilage des Anzeigers für Harlingerland, 2019, Nr. 11.

Ders.: Ostfriesen als Landwehrmänner: unbeliebter Militärdienst: auf Napoleons Spuren, in: Heim und Herd, Beilage des Ostfriesischen Kuriers, 2020, Nr. 4.

Ders.: Notzeiten im Ersten Weltkrieg: Mangel an Arbeitskräften: Nahrungsmittelversorgung, in: Heim und Herd, Beilage des Ostfriesischen Kuriers, 2020, Nr. 5.

N. N.: 25 Jahre Niedersächsischer Fußballverband e. V., Kreis Nordwest, Jubiläumsschrift zum Ordentlichen Kreistag am 11. Juli 1971, 1971.

N. N.: Vor 100 Jahren wurden Chausseen gebaut. Die ersten festen Straßen in Ostfriesland, in: Friesische Heimat, Beilage des Anzeigers für Harlingerland, 1978, Nr. 12.

N. N.: Wege aus dem Chaos, Niedersachsen 1945-1949, Begleitheft zur Ausstellung der Landeszentrale für politische Bildung in Hannover, Hannover 1985.

N. N.: Napoleon erhielt besonderen Bericht. Verteidigung von Spiekeroog im 19. Jahrhundert, in: Heimatkunde und Heimatgeschichte, Beilage der Ostfriesischen Nachrichten, 2007, Nr. 7.

N. N: Ostfriesische Landwehr im Kampf gegen Napoleon, in: Heimatkunde und Heimatgeschichte, Beilage der Ostfriesischen Nachrichten, 2012, Nr. 10.

Nordwest-Nachrichten, Nachrichtenblatt der alliierten Militärbehörden, Ostfriesische Ausgabe, 1946, 2. Jg./Nr.1ff.

Nordwest-Zeitung, 1946, 1. Jg. Nr. 3f.

Oelgeschläger, Friedrich: Chronik der Gemeinde Blomberg: niedergeschrieben in der Zeit von 1960 – 1966, 3. Aufl., Blomberg 1996.

Oestmann, Peter: Als Graf Edzard II. Hexen verfolgte, in: Profil, Wochenzeitung vom 30.3.1996.

Ohling, Gerhard D.: Kulturgeschichte der Krummhörn, in: Steffens, Gerhard (Hrsg.): Die Acht und ihre sieben Siele, Pewsum/Leer 1987.

Ramm, Heinz: Der Upstalsboom bei Rahe, o. O., 1974.

Reimers, Heinrich: Ostfriesische Geschichte. 3. Die Normannenzeit, Sonderdruck aus dem Kalender Ostfreesland, Norden 1923.

Ders.: Die Schlacht auf den Wilden Äckern 1427, in: Heim und Herd, Beilage des Ostfriesischen Kuriers, 1927 (1928), S. 51.

Reyer, H. (Hg.): Ostfriesland im Dritten Reich. Die Anfänge der nationalsozialistischen Gewaltherrschaft im Regierungsbezirk Aurich 1933-1938, Aurich 1999.

Reyer, H./Tielke, M. (Katalogbearb.): Das Ende der Juden in Ostfriesland. Ausstellung der Ostfriesischen Landschaft aus Anlass des 50. Jahrestags der Kristallnacht, Aurich 1988.

Reyer, H./Tielke, M. (Hg.): Frisia Judaica. Beiträge zur Geschichte der Juden in Ostfriesland, Aurich 1991.

Sachße, Christoph/Tennstedt, Florian (Hg.): Bettler, Gauner und Proleten. Armut und Armenfürsorge in der deutschen Geschichte, Reinbek bei Hamburg 1983.

Sanders, Adolf: Schlacht auf den „Wilden Äckern", in: Heim und Herd, Beilage des Ostfriesischen Kuriers, 2002, Nr. 11.

Schaer, Friedrich Wilhelm: „Aurichs Hoffnung – Emdens Heil": Ostfrieslands Mitte suchte Anschluss an das bestehende Eisenbahnnetz, in: Heimatkunde und Heimatgeschichte, Beilage der Ostfriesischen Nachrichten, 2010, Nr. 11.

Schmidt, Heinrich: Politische Geschichte Ostfrieslands. Ostfriesland im Schutze des Deiches, Bd. 5, Leer 1975.

Schormann, Gerhard: Hexenprozesse in Nordwestdeutschland, Hildesheim 1977.

Schröer, Bernard: Geschichte der Stadt Emden 1945 bis zur Gegenwart, in: Siebert, Ernst/Deeters, Walter/Schröer, Bernard: Geschichte der Stadt Emden von 1750 bis zur Gegenwart, Ostfriesland im Schutze des Deiches, Bd. VII, Pewsum/Leer 1980.

Siebert, Ernst: Entwicklung des Deichwesens vom Mittelalter bis zur Gegenwart, in: Jannes Ohling (Hrsg.): Ostfriesland im Schutze des Deiches. Beiträge zur Kultur- und Wirtschaftsgeschichte des ostfriesischen Küstenlandes, Bd. II, Pewsum/Leer 1969.

Siebert, Ernst: Geschichte der Stadt Emden von 1750 bis 1890, in: Siebert, Ernst/Deeters, Walter/Schröer, Bernard: Geschichte der Stadt Emden von 1750 bis zur Gegenwart, Ostfriesland im Schutze des Deiches, Bd. VII, Pewsum/Leer 1980.

Sieden, Fritz: Im Zustande der Sünde gestorben: der Tod des Jürgen Knopfmachers durch unmäßiges Branntweintrinken, in: Heimatkunde und Heimatgeschichte, Beilage der Ostfriesischen Nachrichten, 1987, Nr. 2.

Ders.: Ein Leben zwischen Gebet und Arbeit, in: Heimatkunde und Heimatgeschichte, Beilage der Ostfriesischen Nachrichten, 1988, Nr. 6.

Stallmann, Margarete: Land und Volk der Friesen, o. O., 1931.

Tennstedt, Florian: Sozialgeschichte der Sozialpolitik in Deutschland, Göttingen/Zürich 1981.

Uphoff, Bernhard: Straßenbau vor hundert Jahren, in: Heimatkunde und Heimatgeschichte, Beilage der Ostfriesischen Nachrichten, 1956, Nr. 8.

Ders.: „Peperdüre" Hasen und Moorhühner: rigorose und willkürliche Urteile in Jagdsachen, in: Heimatkunde und Heimatgeschichte, Beilage der Ostfriesischen Nachrichten, 2002, Nr. 3.

Vitzthum, Karl-Heinz: Die Normannen und das fränkische Reich in der zweiten Hälfte des 9. Jahrhunderts: mit besonderer Berücksichtigung Ostfrieslands, o. O., 1960.

Voß, Theodor: Die Familien der evangelisch-lutherischen Kirchengemeinde Victorbur (1620 – 1900) und Moordorf (1892 – 1900), Upstalsboom-Gesellschaft, Aurich 2005.

Wall, Karl-Heinz de: Chausseebau in Ostfriesland. 1841 bis 1869 entstand die Landstraße von Aurich über Wittmund nach Carolinensiel, in: Friesische Heimat, Beilage des Anzeigers für Harlingerland, 1985, Nr. 11.

Ders.: Eisenbahnen auch für Ostfriesland: in den Jahren von 1882 und 1892 wurde die ostfriesische Küstenbahn von Emden über Norden, Esens, Wittmund und Jever erbaut, in: Friesische Heimat, Beilage des Anzeigers für Harlingerland, 2008, Nr. 13.

Ders.: Die Ernte ist unbefriedigend, in: Friesische Heimat, Beilage des Anzeigers für Harlingerland, 2017, Nr. 9.

Wiarda, Tileman Dothias: Ostfriesische Geschichte, Bd. 1 bis 1441, Aurich 1797, Nachdruck Leer, 1968.